Heiko Werning

Vom Wedding verweht

Menschliches, Allzumenschliches

**Critica
Diabolis
242**

**Edition
TIAMAT**

Inhalt

Leben und Sterben im Wedding

Der dominierende Fixpunkt an der Kreuzung See-/Ecke Müllerstraße ist das Saray-Restaurant, eine Dönerbude mit angeschlossenem türkischen Restaurant, ein beliebter Treffpunkt aller Bewohner des Viertels, gleich welchen Migrations-, Bildungs- oder sonstigen Hintergrundes. Auch die bediensteten Türkischstämmigen dort sind so dermaßen berlinerisch, dass man sich manchmal bei dem Gedanken ertappt, dass sie es mit der Integration ja nun eigentlich auch nicht gleich hätten übertreiben müssen. Als ich eines Nachts noch einen Döner zum Mitnehmen verlangte, stellte ich anschließend erschrocken fest, dass ich praktisch kein Geld mehr im Portmonee hatte. Mühsam klaubte ich die geforderten drei Euro fünfzig aus einer bunten Mischung kleinerer Münzen aller Art zusammen, sehr zum Missfallen des Dönerbereiters.

»Ey, ich bin doch keine Bank!«, wies er mich zurecht, als ich ihm die kleine Altmetallhalde über den Tresen schob, »ich meine, wenn du Döner bestellst, dann gebe ich dir doch auch einen ganzen Döner am Stück und schütte dir nicht einen Haufen Fleischschnipsel in die Hände!« Große Güte, dachte ich, es tut den Menschen einfach nicht gut, wenn sie zu lange in Deutschland leben. Das sieht man ja zuallererst an den Deutschen. Allerdings bin ich ja auch Deutscher und parierte den Anwurf des überassimilierten Migrationshintergründlers also mit dem versöhnlichen Angebot: »Na, wenn Sie unbedingt wollen, kann ich ihnen das Geld auch in eine labberige Brottasche klatschen.«

Woraufhin er tatsächlich kichern musste, bevor er fragte: »Knoblauchkräuterscharf?«, und dann noch anfügte: »Ey, musstu entschuldigen, aber heut Nacht waren hier wieder echt nur Verrückte. Vorhin haben's hier welche draußen getrieben. Mitten in unserem Garten!« Mit »Garten« meinte er das Stückchen vom Bürgersteig, das das Saray mit großen Pflanzschalen voll hoher Büsche von der Straße abschirmt. Auf das Pflaster wurde Kunstrasen gelegt, auf dem ein paar Stühle und Tische stehen. Da kann man sich zum Essen raussetzen und dabei vom Lärm einer der meistbefahrenen Kreuzungen der Stadt beschallen lassen, was erstaunlich viele Kunden für ein attraktives Angebot halten. Ein lauschiges Plätzchen für ein Schäferstündchen allerdings schien mir das trotz des guten Sichtschutzes und der fehlenden Außenbeleuchtung nicht zu sein.

»Die sind bestimmt aus diesem Puff da oben gekommen«, schimpfte der Dönermann weiter. »Man geht aber doch nicht mit seiner Frau in den Puff«, gab ich zu bedenken und wunderte mich, wo hier bitte schön ein Puff sein sollte, mir war jedenfalls noch keiner aufgefallen. »Na ja, nicht so richtig Puff, musstu Frau schon selbst mitbringen in 'n Puff da. Ist voll angesagt, machen voll viele.«

Ich war erstaunt. »Wo denn?«, fragte ich. »Na, da im Nachbarhaus, wo die Penner immer sitzen. Da ganz oben drin. Über der Wohnung mit dem Weihnachtszeug!« In der Tat, ein Balkon war, jetzt im Mai, immer noch in voller Pracht weihnachtlich geschmückt. Mit einem großen Weihnachtsmann, der wütend vor sich hin blinkte, dazu zwei blau leuchtende Rentiere. »Ist doch ein bisschen spät für Weihnachtsschmuck«, bemerkte ich daher. »Ist bestimmt so ein Verrückter von der AfD«, schimpfte der Dönerwirt, »kämpft da fürs christliche Abendland und lässt den Weihnachtskram deshalb einfach immer weiter leuchten, gegen die Islamisierung. Macht der bestimmt extra, um uns zu ärgern, weil wir Türken sind.« »Aber ihr hängt doch Weihnachten auch immer alles mit Weihnachtsschmuck voll«, gab ich zu bedenken. »Ja, eben. Und jetzt will er's uns zeigen. Dass er noch viel mehr christliches Abendland ist. Da lässt er das Zeug eben bis zum Sommer blinken.«

Später zu Hause googelte ich aus Neugier dann doch nach dem merkwürdigen Puff, und siehe da: Tatsächlich, in dem Haus ist ein Swingerclub. Und zwar, wie ich der Homepage entnehme, der einzige Swingerclub Berlins mit »Liebespool«, in dem man Sex haben darf, denn eine spezielle Wasserumwälz- und Filteranlage sorge dafür, dass »innerhalb von vier Minuten das gesamte Wasser rückstandslos keimfrei filtriert« wird und »keine unangenehmen Hinterlassenschaften im Wasser herumschwimmen«. Unangenehme Hinterlassenschaften im Wasser? Ich brauchte einen kurzen Moment, bis ich verstand: Wir haben also Berlins größte Sperma-Abschöpfanlage an unserer Kreuzung. Erstaunlich, dass mir diese Top-Sehenswürdigkeit bislang entgangen war.

Vielleicht liegt es daran, dass sich unten vor dem Haus eine Gruppe von Obdachlosen häuslich eingerichtet hat, um die ich immer einen kleinen Bogen mache. Einer der Eingänge in das hässliche Betonhaus scheint stillgelegt, in dem großen Türbogen haben sie ihre Schlafsäcke ausgerollt und halten dort beachtliche Trinkgelage ab. Genau gegenüber, auf der anderen Seite der Seestraße, hat am Urnenfriedhof eine Burger-Bude aufgemacht, so eine moderne Burgerbude, mit frischem Hackfleisch und erstaunlichen Burger-Varianten und vegetarischen Alternativen.

Was für ein Irrsinn, hatte ich erst gedacht, auf dieser toten Friedhofsecke ein Geschäft aufmachen zu wollen, aber ich habe mich geirrt. Längst schon boomt der »Rebel Room«, so heißt das Ding, und nur durch einen Zaun von den Urnengräbern getrennt sitzen die Hipster auf Bierbänken, lassen sich Hirsch-Burger mit Rotweinsauce und Rucola für acht Euro das Stück schmecken und schauen rüber zu den Sternburg verzehrenden Tippelbrüdern auf der anderen Straßenseite.

Als ich unlängst nachts am Saray vorbeilief, wurde ich fast von einem BMW mit OHV-Kennzeichen überfahren, der plötzlich mitten auf den Bürgersteig fuhr. Ein sehr aufgepumpt wirkender, etwa dreißigjähriger Muskelmann mit Bürstenfrisur sprang heraus, während seine Beifahrerin sitzen blieb und damit beschäftigt war, sich im Spiegel des Sonnenschutzes die Augenbrauen nachzuziehen. Der Bürstenkopf rief den Pennern zu: »Ey, hier soll irgendwo ein Swingerclub sein, habt ihr eine Ahnung, wo wir da hinmüssen?«

Ach, guck an, dachte ich. Die zwei Turteltäubchen wollen also in den Spermapool. Irgendwie sieht man die Menschen gleich mit ganz anderen Augen, wenn man über solche Informationen verfügt. Die Penner erwiesen sich aber zunächst mal als echte Deutsche, indem sie als Erstes auf die Straßenverkehrsordnung hinwiesen: »Hier kannste deine Kiste aber nicht stehen lassen!«, raunzte der eine. Der Bürstenkopf rollte mit den Augen und wollte schon zu einer Erwiderung ansetzen, als zwei junge, verschleierte Frauen vorbeikamen und freundlich riefen: »Der Swingerclub ist da im Nachbarhaus, oberster Stock.«

Ich war verblüfft. Wieso wissen die denn, wo hier Swingerclubs sind, dachte es ganz diskriminierend in mir. Dabei wohnen die vermutlich einfach nur hier, und da weiß man halt, was in der Nachbarschaft so abgeht. Der Typ jedenfalls wirkte nicht weiter überrascht und fragte nur sachlich zurück: »Da oben, über dem Balkon mit dem blinkenden Weihnachtszeug?« »Ja, genau«, antwortete eines der Kopftuchmädchen freundlich, »da vorne ist der Eingang, es gibt auch einen Aufzug direkt nach oben.« Dann fügte sie noch streng an: »Den Wagen können Sie hier aber nicht stehen lassen!«

Als ich kürzlich nachts wieder zum Saray kam, fiel mir sofort auf, dass der Weihnachtsschmuck nun doch entfernt worden war. »Na, hat er endlich aufgegeben?«, fragte ich den Dönermann, der sich freute, mich wiederzusehen. »In gewisser Weise wohl schon«, antwortete er, »ist gestorben.« »Oh«, sagte ich. »Ja«, sagte er, »schon im Dezember. Seither lag der da in seiner Wohnung und ist vergammelt. Hat keiner gemerkt.« »Oh«, sagte ich wieder. »Deswegen noch der Weihnachtsschmuck«, erklärte der Diensthabende weiter, dann hielt er einen Moment inne. »Voll krass, oder? Da liegt der da oben monatelang tot in seinem Bett, und jede Nacht blinkt dieser ganze Weihnachtskram wie ein Leuchtfeuer vor sich hin und jeder guckt da hoch und trotzdem merkt keiner was.« »Ja«, sagte ich, weil ich nicht wusste, was ich sonst sagen sollte. »Das ist doch krank«, sagte der Mann vom Saray, »voll krank. Wir sollten mehr aufeinander aufpassen. Wir sollten uns mehr füreinander interessieren. – Knoblauchkräuterscharf?« Noch ehe ich antworten konnte, sagte er: »Knoblauch. Stimmt's? Du nimmst immer Knoblauch.« Ich nickte. Er lächelte zufrieden. Dann sagte er: »Willst du hier essen? Setz dich doch. Nimmst du 'n Tee?« Er wird schon bald wieder normal werden, dachte ich.

Aber für heute nahm ich den Tee dankbar an, setzte mich in den kleinen Garten raus und schaute sinnierend auf die Hipster am Urnenfriedhof, die wiederum auf unsere Seite schauten, auf den Saray und das Haus daneben mit den Obdachlosen davor und dem Swingerclub oben drauf und der dunklen Wohnung darunter, auf deren Balkon nun kein Weihnachtsschmuck mehr blinkte und leuchtete.

Zettelwirtschaft

Die Kommunikation über ausgehängte Zettel hat bei uns im Haus eine lange Tradition. Am Tag meines Einzugs vor anderthalb Jahrzehnten hing ein DIN-A4-Blatt unten im Treppenhaus, auf dem in irritierend sauberer Schönschrift, so eine 14-jährige-Mädchen-Handschrift, zu lesen war: »An die Arschlöcher, die immer ihren Müll aus dem Fenster werfen: Wenn ich Euch erwische, schlage ich Euch die Fresse ein!!!« Orthographisch fehlerfrei, die Anrede regelgerecht mit Großbuchstaben am Wortanfang, das ganze Werk in dickem schwarzen Edding, in scharfem Kontrast dazu »Arschlöcher« und »Fresse« sowie die abschließenden drei Ausrufezeichen mit himmelblauem Filzstift gemalt – eine kleine, kunstvolle Kalligraphie. Was für eine Begrüßung im neuen Heim. So ging Weddinger Willkommenskultur im Jahr 1999.

Ein halbes Jahr später hatte ich dann auch das Problem mit dem Müll verstanden, nachdem ich mehrfach gebrauchte Kondome aus unseren Blumentöpfen gefischt hatte. Ich versuchte es mit einem eigenen Aushang. Weil ich eine schlechte Handschrift habe, wählte ich den Computer für folgende Ermahnung, Times New Roman in Fettdruck und 28 Punkt, in milder Ironie:

»Bewohner in den Stockwerken >1! Es ist erfreulich, dass Sie ein erfülltes Liebesleben pflegen. Es ist noch viel erfreulicher, dass gerade Sie dabei darauf achten, sich nicht zu vermehren, denn sonst sähe es bald in der ganzen Stadt aus wie auf einer Müllkippe. Aber auch zwei von Ihrer Sorte reichen für diesen Hof schon aus. Ficken Sie deshalb doch bitte zukünftig in die Tonne!«

Ich war ganz zufrieden. Die Aufschrift füllte das DIN-A4-Blatt exakt aus, fügte sich in das hiesige Idiom perfekt ein und war doch formvollendet, denn auch ich wählte die groß geschriebene Anrede ebenso gewissenhaft, wie ich auf das Wörtchen »bitte« Wert legte. Um mich in die Tradition der Schönschrift-Ermahnung zu stellen, setze ich ausgesuchte Wörter in Himmelblau ab, um meine Eigenständigkeit zu unterstreichen, wählte ich dafür aber die freundlichen aus, nämlich »erfülltes Liebesleben« sowie »bitte«.

Als ich am nächsten Morgen das Haus verließ, hatte jemand in krakeliger Handschrift dazugesetzt: »Und macht dabei mal das Fenster zu. Oder der Typ soll nicht immer bellen wie ein Hund, wenn er kommt. Das klingt völlig idiotisch.« Idiotisch grün unterstrichen. Ein Freigeist! Als ich abends zurückkehrte, waren zwei weitere Botschaften hinzugekommen: Zuerst ein durchaus gekonnt skizzierter nach oben zeigender Daumen. Und das Anfang des Jahres 2000, Jahre vor Facebook! War Mark Zuckerberg damals zu Besuch im Wedding? Ist ihm hier die Idee für sein soziales Netzwerk gekommen? Das könnte immerhin den Umgangston, der dort heute über weite Strecken herrscht, erklären. Denn die zweite Botschaft lautete: »Ihr seid doch nur neidisch, weil ihr alle nur wichst, ihr Wichser.« Das war zwar deutlich, fiel aber semantisch doch ein bisschen ab im direkten Vergleich.

Am nächsten Morgen fanden sich weitere Ergänzungen: »Selber Wichser!« und: »Du bist doch völlig unterfickt, du frigider Arsch.« Übers Wochenende war ich nicht da, als ich zurückkam, blickte ich staunend auf eine

Schlacht von geradezu epischen Ausmaßen. Inzwischen war ein zweites Blatt unter meines gehängt worden, den analogen Diskussionsstrang rekonstruierte ich wie folgt:

»Das nächste Mal ruf ich die Polizei« »Für was denn? Fürs Ficken oder für die Beleidigungen hier?« »Klugscheißer« »Ich zeig Sie an! Wegen der Beleidigung!« »Denkt vielleicht mal jemand daran, dass hier auch Kinder wohnen?« »Die hätte man ja wohl verhüten können. Nehmen Sie sich ein Beispiel an den bellenden Fickern.« »Ich komm dir bald mal nach da oben!« »Ich wohne unten!« »Suche F, 40-50, entsorge meine Kondome auch immer fachgerecht in der Mülltonne.« »Aber bitte trennen! Das ist Bio und Plastik!« »Hat eigentlich jemand die Nummer von der Hausverwaltung?«

Wahrscheinlich hatte sie tatsächlich jemand, denn am nächsten Tag war das Handschriftenkonglomerat verschwunden und ersetzt gegen ein sehr amtlich ausssehendes Schreiben mit dem Briefkopf der Verwaltung und der Aufforderung, zukünftig bitte auf Aushänge jeder Art zu verzichten. Was natürlich umgehend zu weiteren handschriftlichen Schimpf-Orgien der Bewohner führte. Immerhin, jetzt waren sich alle untereinander einig und richteten ihren Zorn gemeinsam gegen die Verwaltung. »Kümmert euch mal lieber um die kaputte Klingelanlage!«, »Im Keller sind Ratten!!!«, »Das Flurlicht im 3. OG ist kaputt«, usw. usf. Der Zettel hing noch ein paar Monate da, dann hatte sich die Lage wieder beruhigt.

In den Folgejahren gab es zwar immer wieder mal Aushänge verschiedenster Art, aber ganz schleichend hat sich über die Zeit offensichtlich die Mieterstruktur verändert. Die Ausdrucksweise wurde immer gesitteter, aber auch technischer, Schimpfwörter gerieten völlig aus der Mode, meist ging es nur noch um die ausgefallene Warmwasserversorgung oder kaputte Treppenhausbeleuchtungen, manchmal gab es auch die rituellen »Wir feiern und es könnte lauter werden«-Zettel, nichts Besonderes also.

Bis letzte Woche. Ich fühlte mich fast an meine Anfänge hier zurückversetzt. Denn jetzt hing ein DIN-A4-Blatt im Querformat von innen an der Haustür. In schönster Mädchen-Schreibschrift stand da ein Vierzeiler, für jede Zeile hatte die mutmaßliche Autorin eine eigene Farbe gewählt: »Liebe Nachbarn groß & klein, / darf es auch ein Hallo sein? / Und ein Lächeln noch dazu, / gute Laune haben wir im Nu!«

Gut, da war die Metrik im Abschluss etwas holprig, aber dafür waren »Hallo« und »Lächeln« unterschlängelt, »Nu!« unterstrichen, und daneben prangte ein großer Smiley. Das untere Viertel des Blattes war so zurechtgeschnitten, dass man sich Merk-Fransen abreißen konnte, wie bei den Suche-Wohnung- oder Gitarrenlehrer-bietet-Unterricht-Zetteln, wo immer die Telefonnummer drauf steht. Aber bei uns stand zum Abreißen und Mitnehmen Folgendes: »Love«, »Peace«, »Happiness«, »gute Laune«, »Ruhe«, »guten Schlaf«, ein Smiley, ein Herzchen, ein Friedenszeichen, »Glück«, »gute Noten«, »Gehaltserhöhung«, »neue Liebe«, »Urlaub«, »schöne Träume«, »Gelassenheit«, »gute Vibes«, »positive Ausstrahlung«. Kein Zweifel – wir hatten eine Wahnsinnige im Haus.

Robert aus dem zweiten Stock stand wie vom Donner gerührt vor dem Zettel, als ich hinzu kam. »Was soll das denn?«, fragte er mich fassungslos. Wir bestaunten das Dokument. Erst tippten wir auf eines der Mädchen aus dem Haus, aber das kaufmännische &-Zeichen ließ uns von der Theorie abrücken. So was kennen kleine Mädchen doch gar nicht. Es musste also ein Erwachsener dahin gehängt haben. Aber wer tut so etwas? Und warum?

Robert murmelte etwas von »Gentrifzierung«, und dass es nun wohl langsam so weit sei.

Als ich nachts nach Hause kam, waren drei der Zettelchen tatsächlich bereits abgerissen. Hier also die Top-Three der Wünsche meiner Nachbarn: »Ruhe«, »Glück« und »neue Liebe«. Mein Sohn nahm am nächsten Morgen »gute Noten« mit, was immerhin saisonal als Wunsch durchaus angemessen erschien, denn die Halbjahreszeugnisse standen an. Als Nächstes verschwand »Gute Laune«, wie ich feststellte, als ich einkaufen ging. Wieder traf ich dabei auf Robert, der kopfschüttelnd vor dem Aushang stand und den Fortschritt mit seiner Handy-Kamera dokumentierte. »*Gute Laune* ist weg!«, flüsterte er entsetzt, »irgendjemand hier im Haus wünscht sich allen Ernstes *gute Laune*. Sie lassen *Gehaltserhöhung* hängen und nehmen *gute Laune* mit. Werning, das ist das Ende. Sie werden uns fertig machen!« Er war regelrecht aufgebracht. Ich empfahl ihm, »guten Schlaf« mitzunehmen, aber er zog kopfschüttelnd und fluchend davon. »Man fühlt sich langsam fremd im eigenen Haus«, schimpfte er noch, »die wollen uns zermürben!« Das schien mir etwas übertrieben.

Inzwischen aber bin ich mir nicht mehr so sicher. Erstens: Der Zettel klebt immer noch da, völlig unbeschädigt. Zweitens: Nur noch ein Abschnitt hängt daran, alle anderen haben ihre Abnehmer gefunden. Und drittens: Niemand, wirklich niemand hat handschriftlich etwas dazugeschrieben!

Der Zettel hat mein Bild von den Nachbarn erschüttert. Jeden, den ich treffe, mustere ich misstrauisch. Könnte das jemand sein, der sich nicht zu blöd war, »gute Vibes« mitzunehmen? Wer war es, der sich eine »positive Ausstrahlung« wünschte? Wer sehnte sich nach einer »neuen Liebe«?

Kurz habe ich überlegt, selbst etwas auf den Zettel zu schreiben. Irgendwas Nostalgisches, so in der Art: »Habt Ihr sie noch alle, Ihr Arschlöcher?« Aber ich atme tief durch. Die Zeiten ändern sich eben. Ich reiße den letzten Abschnitt ab. Darauf steht: »Gelassenheit.« Achselzuckend stecke ich ihn mir ins Portmonee.

Packstation

Die Post hat angekündigt, die Einrichtung sogenannter Packstationen in jedem Haus erwägen zu wollen. Deren Sinn soll sein, dass dort vom Paketboten Pakete für die Bewohner hinterlegt werden, die diese dann durch irgendeinen Automatismus ausgehändigt bekommen. Da kann ich nur müde lachen. Eine solche Packstation gibt es bei uns im Haus nämlich schon lange. Sie ist zufällig in unserer Wohnung untergebracht, und der Automatismus, der die Pakete an die Hausbewohner aushändigt, bin ich.

Die Paketboten steigen nämlich nicht so gerne Treppen. Erst recht nicht mit den oft ja auch sehr schweren Paketen. Da trifft es sich gut, dass ich im Erdgeschoss wohne. Und ich bin ja sowieso immer den ganzen Tag zu Hause. Diese beiden Vorzüge scheinen sich inzwischen zuverlässig herumgesprochen zu haben in der Paketzustellerszene.

Ich will aber nicht klagen. Ich treibe ja ohnehin keinen Sport, da sind die mehrmals am Tag klingelnden Paketboten und Nachbarn ein willkommener Anlass, mal vom Schreibtisch aufzustehen. Und man lernt auf diese Weise die anderen Hausbewohner kennen.

Die Menschen in der Seestraße 606 sind nämlich stark gesellschaftlich engagiert. Ihr gemeinsames Ziel ist es, die lästigen Einzelhändler, die immer noch hartnäckig einige Ladenlokale hier im Wedding sinnlos besetzt halten, endlich loszuwerden. Deshalb bestellen sie eifrig bei Amazon, Zalando oder sogar Manufactum und treiben die immer noch ausharrenden Aktivisten der Occupy-Ladenlokal-Bewegung endgültig in den Ruin. Auf diese Weise sorgen sie für den dringend benötigten Platz für weitere Spielautomaten-Casinos, Shisha-Bars, Ein-Euro-Shops, Nagelstudios, Spätkaufs und Christenläden.

Was hat es nur mit den Christenläden bei uns in der Gegend auf sich? Jetzt hat schon wieder ein neuer aufgemacht. Nach der evangelischen Kirche bei uns gegenüber, dem Palmblatt-Café der Pfingstcharimastiker bei uns im Haus und dem Batik-Laden für »Stofffärben und Begegnungen mit Gott« quer gegenüber hängen nun im ehemaligen Katerstüberl die roten Aushänge mit der zunächst frohe Kunde versprechenden Aufschrift: »neue Bewirtschaftung«. Was mich zu einer hoffnungsvollen Inaugenscheinnahme verführte, denn mit dem Katerstüberl konnte ich nichts anfangen, und ein brauchbares neues Geschäft wäre in unserem Block dagegen durchaus mal wieder angezeigt. Aber dann diese Enttäuschung, als ich den weißen Zettel darunter las: »Abendmahl. Treffpunkt für christlichen Austausch und spirituelle Filmabende.« Was soll der Scheiß? Da faseln alle von der Islamisierung des Abendlandes, und die verdammten Moslems lassen sich ausgerechnet im Wedding reihenweise die Butter vom Brot nehmen? Hier und da ein Falafel-Laden, das kann doch nicht alles sein! Der Einzige, der ernsthaft gegenzuhalten scheint, ist der finstere Obst- und Gemüsehändler in der Togostraße, der eifrig Spendengelder für die Hamas sammelt und »Tod den zionistischen Imperialisten«-Flyer in die Obsttüten legt.

Wie dem auch sei, tagsüber nehme ich also die Pakete für den ganzen Häuserblock an, und ab dem späten

Nachmittag kommen die Nachbarn vorbei, um sie wieder auszulösen. Letzte Woche stand der Mann von einem Zustelldienst wie üblich vor der Tür und fragte, ob ich ein Paket für die Künstlerin im vierten OG annehmen würde. Leicht erstaunt war ich, weil er augenscheinlich gar kein Paket dabei hatte. Aber na klar, natürlich nehme ich was an. »Fein«, sagte der Zustell-Mann, »dann hol ich das Päckchen mal eben.« Drei Minuten später rollte er mit einer Art Gabelstapler in den Innenhof, mit einer Euro-Palette und darauf einem zwei Meter hohen Trumm. Ich staunte nicht schlecht. Wir wuchteten das Teil in den Hausflur, wo es zwischenlagern musste, weil es gar nicht durch meine Tür passte. »Fein«, sagte der Zusteller wieder, »jetzt brauch ich nur noch die Euro-Palette zurück.« Ich sah ihn irritiert an. »Aber da ist doch dieses Monstrum drauf?« »Ja, aber hilft nichts, die Palette muss ich wieder mitnehmen. Das müssen Sie da bitte irgendwie runternehmen.« »Ich?« »Na, ist doch Ihr Päckchen!« Ich schnappte nach Luft. »Na gut, ich helfe«, beschwichtigte der Zusteller. Wir begutachteten das vollständig in dicke Folien umwickelte und dergestalt fest mit der Palette verbundene Irgendwas fachmännisch von allen Seiten.

»Ähm, ja«, gab ich mich geschlagen, »dann müssen wir es da wohl irgendwie losmachen. Haben Sie ein Messer?« »Nein«, sagte der Zusteller, »so was darf ich im Wedding nicht dabei haben.« Ich sah ihn verblüfft an und dachte erst, er macht einen Scherz. Da konnte ich noch nicht ahnen, dass einige Monate später DHL offiziell die Belieferung von Teilen des Weddings einstellen würde, wegen zu großer Überfallgefahr. »Im Ernst?«, fragte ich also ungläubig. »Ja«, sagte der Zusteller, »Weisung vom Chef. Keine Messer, keine Scheren, keine Waffen. Könnte bei einem Überfall gegen uns verwendet werden. In Treptow kann ich sogar ne Machete dabei haben, kein

Problem. Aber nicht hier.« Immerhin, dachte ich. Der unheilvolle Hang zu irgendwelchen Bürgerwehren wäre damit ja schon mal wirkungsvoll im Ansatz erstickt. Also ging ich im Dienst der guten Sache zurück in die Wohnung und suchte nach einem scharfen Messer, um die Palette aus ihrem Plaste-Sarkophag zu befreien.

Immerhin, die Folien-Mumie war mal eine Abwechslung zu den ewigen Amazon-Paketen. Amazon, Amazon, Amazon, immer wieder Amazon. Egal, wie mies die ihre Angestellten behandeln, egal, wie sehr die den gesamten Kulturmarkt austrocknen mit ihrem Monopolisten-Gebaren, egal, ob die Buchhändler um die Ecke verrecken – die Leute kaufen wie blöd bei Amazon. Kein Wunder, dass die inzwischen über eigene Zustelllösungen nachdenken und deswegen jetzt schon damit experimentieren, ihre Päckchen demnächst durch Drohnen ausliefern zu lassen. Da bin ich ja schon mal gespannt, wie das dann wird, wenn die Dinger hier dauernd im Innenhof landen. Und die sind im Unterschied zu den Zustellern auch garantiert bewaffnet. Schon weil das da vermutlich serienmäßig eingebaut ist. Angesichts der Drohnenbegeisterung bei Militär und Terrorabwehr dürfte es bald im Luftraum ziemlich eng werden. Wobei es natürlich auch schöne Synergie-Effekte geben könnte. Da kann dann so eine patente Mehrzweckdrohne erst die nächste anstehende Exekution eines islamistischen Extremisten, sagen wir, meines Obst- und Gemüsehändlers in der Togostraße, erledigen, und dann anschließend noch ein paar Amazon-Pakete hier im Block ausliefern. Wenn es da mal nicht zu Missverständnissen kommt und am Ende die Amazon-Kunden abgeknallt werden. Obwohl: Vielleicht wäre das realistisch betrachtet der einzige Weg, den Drecksladen doch noch wieder loszuwerden. Mit klassischen Argumenten sind die Leute ja nicht davon abzuhalten, dort zu bestellen, da muss man vielleicht mal etwas handfester werden.

Es klingelte. Die Künstlerin stand vor der Tür und wedelte mit ihrem Paketschein vor meinem Gesicht herum. »Hier wurde ein Päckchen für mich abgegeben?« »Allerdings!«, sagte ich und zeigte anklagend auf das kleiderschrankartige Teil im Hausflur. »Oh«, sagte die Künstlerin, »und ich hatte mich schon gewundert, was das ist. Aber ich habe doch gar nichts Großes bestellt?« Hatte sie aber doch, wie sich herausstellte. In dem Schrankteil waren so eine Art Käseglocken, die brauchte sie für ihre Kunst. Und damit die Dinger nicht beschädigt werden, hat der Absender sie, nun ja, sehr sicher verpackt. Mit Kubikmetern voller Schaumstoffschnipsel drumherum, die nun knöcheltief den ganzen Hausflur bedeckten. Ich half ihr noch kurz, die Glasglocken nach oben zu tragen.

Als ich wieder zurück nach unten kam, klebte an meiner Tür ein Zettel von DHL. Mein Paket sei angekommen, verkündete der Text darauf fröhlich, aber leider habe man mich nicht zu Hause angetroffen. Verdammt.

Am nächsten Tag ging ich zu der angegebenen Adresse, um mein Päckchen abzuholen. Na, mal sehen, wer außer mir hier in der Gegend noch so als Packstation herhalten muss, dachte ich. Es war, wie ich bald darauf feststellte, die Buchhandlung um die Ecke. Die Buchhändlerin warf mir einen eisigen Blick zu, als sie mir mein Päckchen aushändigte. Ich schluckte. Meine Amazon-Bestellung war angekommen.

Warum müssen eigentlich ausgerechnet Tauben das Symbol für den Frieden sein?

Es klingelte am frühen Montagabend. Eine Nachbarin aus dem Vorderhaus stand vor der Tür. Ich überflog die kleine Armada der in unserem Flur lagernden Pakete, konnte aber ihren Namen nirgendwo entdecken. »Tut mir leid, ich glaube, wir haben nichts für dich«, wollte ich sie gerade enttäuschen, aber sie kam mir überraschend zuvor und meinte, sie wolle diesmal gar kein Päckchen abholen, sondern vielmehr mich. Ich schaute überrascht auf. Sie war wirklich nett und sah gut aus, wir hatten ein paar Mal nett geplaudert, aber diese stürmische Entwicklung überraschte mich nun doch ein wenig. Bei ihr im Vorderhaus säße im Flur eine Taube, erklärte sie mir. »Damit habe ich nichts zu tun!«, wehrte ich schnell ab. Weil ich mich mit Reptilien beschäftige, glaubt immer jeder Nachbar, ich sei für jedwedes tierische Leben im Umkreis von einem Kilometer persönlich verantwortlich. Ich sollte schon einmal eine Ratte aus einem Badezimmer treiben, eine gerade flügge gewordene Amsel aufziehen, die bei ihren ersten Flugversuchen über die Straße getorkelt war, ich musste eine Katze vom Balkon einer unbewohnten Wohnung locken und ein vermeintlich ekliges Rieseninsekt aus einer Küche bergen. Gut, da war mir wohl tatsächlich eine meiner Madagassischen Riesenfauchschaben entkommen, aber natürlich wies ich empört jede Verantwortung von mir. Kurzum: Ich bin der Professor Grzimek des Wedding.

Jetzt also eine Taube. Da hatte ich nun allerdings wirklich keine Lust drauf. »Ach, die findet schon von allein wieder raus«, versuchte ich, die Nachbarin abzuwimmeln. Doch die war hartnäckig. Die Taube säße so merkwürdig da, ich solle doch mal gucken. Meine Söhne, die inzwischen hinzugeeilt waren, drängten mich nun ebenfalls: »Geh doch gucken, Papa, und wenn die Taube nicht mehr fliegen kann, dann mach sie schnell wieder heile.« Dabei gibt es doch ohnehin viel zu viele Tauben, aber was soll's.

Ich folgte also der Nachbarin ins Vorderhaus und ließ mir den Pechvogel zeigen. Er saß auf dem Boden und sah eigentlich ganz normal aus. Wenn man mal davon absah, dass sein Kopf um etwa 90 Grad nach links gedreht war, der Hals dafür aber um 180 Grad nach unten, sodass die Schädeldecke des Tiers auf dem Holzboden auflag. Und bis auf den ausgerenkten Flügel, der schlaff und leblos nach unten baumelte. Aber sonst sah die Taube ganz OK aus.

Ich betrachtete sie nochmal eingehend, dann teilte ich der Nachbarin meine fachliche Expertise mit: »Die ist völlig in Ordnung. Die muss sich nur mal kurz ein bisschen ausruhen. Spätestens morgen früh ist sie wieder weg.« Ich hoffte insgeheim auf die Katze aus dem vierten Stock. Die würde das Problem schon lösen.

Die Nachbarin wirkte nicht überzeugt. Sie beugte sich zu dem Vogel hinunter, der sich erschreckte, drei Schritte nach links hüpfte, dabei ins Wanken geriet, umfiel und auf dem Rücken landete. »Siehst du«, sagte ich, »die will sich einfach nur ein bisschen hinlegen. Wir lassen sie am besten rasch in Ruhe.« Nun begann die Taube, wild mit den Beinchen zu strampeln und mit dem rechten, offenbar noch fest im Rumpf verankerten Flügel herumzuschlagen. Dabei gab sie jämmerliche, kehlige Laute von sich. Die Nachbarin sah mich vorwurfsvoll an. Verdammt, dabei fand ich sie wirklich nett. Was sollte ich jetzt machen? »Die schafft es nicht mehr«, stellte die Nachbarin völlig zutreffend fest, »wir müssen sie erlösen.« »Na gut, dann erlösen wir sie mal«, gab ich ihr zähneknirschend Recht. Wir schauten uns beide ratlos an. »Ich fürchte, ein Tierarzt hat nicht mehr auf«, gab sie schließlich zu bedenken. »Vielleicht sollten wir sie einfach in einen Karton setzen und bis morgen ein paar Brotstückchen anbieten?«, überlegte ich. Die Taube riss derweil den Schnabel auf, würgte und gurgelte heftig, schlug wie wild mit dem noch funktionstüchtigen Flügel und bollerte wie ein frisch losgelassener Kreisel von einer Hauswand vor die nächste. Wir seufzten. »Soll ich ihr einfach auf den Kopf treten?«, fragte die Nachbarin. Das wäre zweifellos das Beste, dachte ich. Aber erst, wenn ich wieder weg bin.

Der Blick der Nachbarin verriet mir allerdings, dass diese Variante auch nicht ihrer Erwartungshaltung entsprach. Dann sagte sie: »Du bist doch so was wie ein Biologe, oder?« Verdammt, jetzt hatte sie mich. Ich ergab mich in mein Schicksal. »Ich glaube, Kopfzertreten ist nicht ganz state of the art«, sagte ich also. »Ich geh mal kurz in mein Büro und schaue, wie man das machen muss, OK?« Sie sah mich zweifelnd an und fragte: »Und wie schaut man so was nach? Einfach googlen nach: *Wie mache ich eine Taube tot?*« »Ach was«, wehrte ich ab, »das steht im Tierschutzgesetz, das ist sogar für jede Tiergruppe einzeln vorgeschrieben, wie man das machen muss. Ich bin mir nur nicht mehr ganz sicher, ob bei Vögeln durch Genickschlag oder durch Kopfabtrennen.«

»Klingt ja beides ganz gut«, sagte die Nachbarin, »ich passe dann mal solange auf die Taube auf.« »Ja, pass gut auf, dass sie nicht abhaut.« Die Taube lag weiter auf dem Rücken und zuckte mit den Beinen.

Ich schlich mich in die Wohnung, setzte mich an den Computer und googelte: *Wie mache ich eine Taube tot?* Kurz darauf war es traurige Gewissheit: Wenn keine Betäubung zur Verfügung steht, muss man dem Geflügel den Kopf mit einem gezielten Schlag abtrennen. Ich seufzte erneut, schnappte mir eine Plastiktüte und ging zurück ins Vorderhaus. »Und?«, fragte die Nachbarin. »Kopf ab«, sagte ich. »Oh«, sagte die Nachbarin.

Ich griff die Taube entschlossen mit der Tüte. »Ich gehe dann mal kurz in den Keller.« Sie nickte und flüsterte: »Ich warte hier.« Im Keller schnappte ich mir ein scharfes Messer, legte die Taube auf die Arbeitsplatte und schlug zu. Einen Moment später war das Drama beendet. Man hört ja immer so Geschichten, dass Hühner mit abgeschlagenem Kopf noch weiter durch die Gegend laufen. Das kann ich für Tauben nicht bestätigen. Dafür allerdings wollte sie den Schnabel immer noch nicht halten. Immerhin hatte er aufgehört, die merkwürdigen Laute zwischen Gurgeln und Gurren von sich zu geben, ohne Kehlkopf geht das vielleicht aber auch einfach nicht mehr so gut. Lautlos öffnete sich der Schnabel noch ein paarmal, bis endlich Ruhe war.

Ach was, Professor Grzimek – ich war der Dennis Cuspert der Seestraße. Immerhin, die Taube hatte es hinter sich, sie war den Märtyrertod gestorben. Mögen im Himmel 72 jungfräuliche Weißbrote auf sie warten. Ich räumte sie in die Tüte, nahm mein blutbeflecktes Werkzeug mit, um es oben in der Wohnung zu säubern, und ging wieder raus in den Innenhof. Die Nachbarin schaute mich mit großen Augen an, ich nickte ihr beruhigend zu.

Es war geschafft. Wir gingen zu den Mülltonnen, und ich wollte schon den großen Container öffnen, aber sie schüttelte den Kopf und hob den Deckel der Bio-Tonne an. »Das sind wir ihr schuldig«, flüsterte sie.

Wir verabschiedeten die Taube und sahen uns an. Ich stand vor der Nachbarin, in der Hand das blutverschmierte Messer. Sie hauchte: »Vielen Dank. Das war sehr männlich von dir.« Ich schluckte. Männlich! Sie hatte wirklich männlich gesagt. Verdammt! Wenn ich das doch nur früher gewusst hätte! All diese mühevollen vergeblichen Jahre, und jetzt, wo ich es gar nicht mehr brauchte, endlich die Lösung: So also flirtet man im Wedding!

Als ich zurück in die Wohnung kam, hörten die Kinder mich und fragten, was mit der Taube denn nun gewesen sei. »Ach«, sagte ich, »keine Sorge. Die ist schon wieder weg.« Na ja. Richtig gelogen war das ja immerhin nicht.

Fotoshooting

Als vor einigen Jahren das erste Mal eine Zeitung einen Artikel über mich schreiben wollte, fand die Redakteurin, dass es eine originelle Idee sei, mich beim Essen einer Portion Pommes vor dem *Imbiss zur Mittelpromenade* zu fotografieren. Der kommt in einigen meiner Geschichten vor, außerdem sei der »im Wedding total authentisch«. Als einige Zeit später eine andere Zeitung einen Artikel über mich schreiben wollte, fand die diesmal zuständige Redakteurin, dass es eine besonders originelle Idee sei, mich beim Essen einer Portion Pommes vor dem *Imbiss zur Mittelpromenade* zu fotografieren. Pommes wirkten einfach »total authentisch, zumal im Wedding!« Als der lokale Fernsehsender wiederum einige Zeit später einen Beitrag über mich für sein Kulturmagazin drehen wollte, fand die Filmautorin, dass es geradezu zwingend sei, mich beim Essen einer Portion Pommes zu filmen, weil Pommes nun einmal für Weddinger Authentizität stünden. »Gut, gehen wir zum *Imbiss zur Mittelpromenade*«, ergab ich mich in mein Schicksal. »Nee, bloß nicht, das ist nicht originell genug«, sagte die Frau zu meiner Überraschung, »Sie nehmen die Portion Pommes und stellen sich damit an eine Zapfsäule bei Aral.« »Was?« »Sie haben doch mal über die Aral-Tankstelle geschrieben, oder?« »Ja, schon ...« »Na also, das passt doch super.« »Aber bei Aral gibt's doch gar keine Pommes.« »Genau.

Wir brechen die Erwartungshaltung der Zuschauer. Wir sind schließlich ein Kulturmagazin! Weddinger Authentizität wird gespiegelt durch ein Symbol der Moderne!«

Was folgte, war einer der unwürdigsten Auftritte meines Lebens. Ich stand mit einem Papptablett voller Pommes vor einer Zapfsäule von Aral und sollte so tun, als würde ich auf eine aufgespießte Fritte starren und dabei nachdenken. »Ich soll was?« »Na, nachdenken. Auf die Pommes gucken und nachdenken. Du bist doch Schriftsteller.« Das war natürlich ein schlagendes Argument. Also spießte ich eine Pommes mit meinem grün-transparenten Plastikpieker auf, drehte sie nachdenklich nach links, drehte sie nachdenklich nach rechts und dachte darüber nach, was zum Teufel ich falsch gemacht hatte in meinem Leben.

Ich war also nicht besonders überrascht, als der Fotograf der Zeitung, die eine Geschichte aus meinem letzten Buch »Im wilden Wedding« abdrucken wollte, der Meinung war, dass es zur Illustration ein besonders gutes Motiv sei, mich mit einer Portion Pommes in der Hand zu zeigen. »Gut«, sagte ich resignierend, »wo machen wir's? Tankstelle, U-Bahnhof, City-Toilette?« »Nee, ich dachte eher an eine Pommesbude.« Gute Idee! Ich war erfreut.

Der Diensthabende vom *Imbiss zur Mittelpromenade* ist Routinier. Klar, Foto beim Bestellen, gerne doch. Foto beim Rausfischen der Boulette aus dem Sud, selbstverständlich. Wir sind nicht die ersten Mediengestalten, die irgendwas über den Wedding »machen«. Ghettoisierung, der kommende In-Bezirk, sozialer Brennpunkt, Gentrifizierung – irgendwas ist ja immer. Und wir sind auch ganz offensichtlich nicht die Ersten, die finden, nichts sei dazu passender zur Versinnbildlichung als der *Imbiss zur Mittelpromenade*. Den Mann bringt nichts aus der Ruhe.

Nicht einmal seine eigene Kundschaft: An einem der Stehtische steht ein älteres Paar, das uns argwöhnisch mustert. Am zweiten Tisch steht eine Dreiergruppe, von der einer laut ruft: »Fotze! Fotze! Arschloch! Tourette-Syndrom, vastehste?« Mir erschließt sich zunächst nicht, ob er daran leidet oder seinen Begleitern nur sehr lebhaft zu erklären versucht, was das ist.

Ich schaue zum Imbisswirt. Die Boulette, das erkenne ich sofort, ist immer noch genau so eklig wie vor Jahren, als ich meine erste Geschichte darüber geschrieben habe. Sehr gut, ich bin erleichtert. Unsere Bastion gegen die Gentrifizierung steht. Selbst wenn die Hipster jeden noch so absurden Quatsch plötzlich Kult finden: Ein Gang zum *Imbiss zur Mittelpromenade* bringt die Dinge wieder ins Lot. So angesagt retro können die gar nicht sein, als dass nach einer der hiesigen Bouletten nicht rasch wieder klare Verhältnisse herrschen würden: Die Trend-Deppen sind mit Darmverstimmung rasch wieder verschwunden, während die wahren Weddinger die schleimig-homogene Masse, die mit Fleisch so viel zu tun hat wie ein Tofu-Bratling mit einem T-Bone-Steak, widerspruchslos mit ungerührter Miene abschlucken. Wer hier mit dem Mundwinkel zuckt oder sonst eine menschliche Regung zeigt, ist draußen. »Arschkrampe! Wichser! Fotze!«, grölt es vom hinteren Tisch. Es klingt geradezu enthusiastisch. Jetzt bin ich sicher, dass der Typ Tourette nur spielt, um es seinen Begleitern zu demonstrieren. Das gibt es ja immer mal wieder, dass Leute glauben, irgendjemand habe davon noch nichts gehört. Dann können sie endlich mal ohne schlechtes Gewissen all die schlimmen Wörter sagen, die sonst streng geächtet sind. Das habe ich schon oft erlebt und ich frage mich, ob dieses Verhalten nicht vielleicht schon längst als Meta-Tourette-Syndrom in der Fachliteratur beschrieben ist.

»Tablett oder Teller?«, fragt der Imbisswirt. Ich schaue ihn verwundert an. »Hä?« »Na, hier: Papptablett oder«, er zeigt auf einen Geschirrstapel hinter sich, »Porzellanteller.« Ich bin verblüfft. »Seit wann habt ihr denn Geschirr?« »Tja«, strahlt er, »ist neu. Gut, oder?« »Papptablett, bitte«, sagt der Fotograf, »soll ja authentisch nach Wedding aussehen.«

»Was wird denn das, machste mit bei *Deutschland sucht den Superstar*, oder was?«, fragt der Mann vom Stehtischchen neben uns. »Nee, wir sind von der Zeitung«, erläutert der Fotograf. »Von der Zeitung? Na, dann schreibense in Ihre Zeitung mal rin, dass wir von Ausländern überrollt werden!« »Genau«, sekundiert seine Begleiterin, »das müssense da mal rinschreiben! Aber das trauta euch ja nich. Das dürfta ja nich. Befehl von janz oben, wa?« Dann dreht sie sich zum Imbisswirt und ruft ihm zu: »Nicht wahr, Turgut? Das dürfen se nich!« Der Imbisswirt nickt ruhig. Ihr Begleiter bekräftigt noch einmal: »Geht doch alles den Bach runter hier. Nur noch Ausländer! Bald sind wa alle Islam. Und dann noch die Sache mit dem Euro!« »Allerdings!«, ruft die Frau, »die Sache mit dem Euro ooch noch. Der wird uns noch alle ruinieren, nicht wahr, Turgut?« Turgut steht ungerührt in seiner Bude und spritzt Mayonnaise auf die Pommes. »Ich hab die Schnauze voll«, tut der Mann jetzt kund, »ich hau hier ab. Ein Jahr und zwee Monate noch, dann bin ich durch, dann mach ich die Biege. Majorka, schön. Da hab ich 'n Häuschen. Da isset schön. Schreibense das ma inne Zeitung: Dass hier bald alle abhauen, wenn das so weitergeht mit die Ausländer und dem Euro.« »Arschficken! Fotze, Fotze!« Der Typ einen Tisch weiter kriegt sich gar nicht wieder ein vor Begeisterung. »Nach Mallorca«, sagt Turgut ruhig und mit nur leicht spöttischem Unterton, »wegen den Ausländern und dem Euro.« Es ist keine Frage, es ist eine Feststellung. Der Mann antwortet trotzdem: »Ja, schreibt das mal inne Zeitung. Aber das trauta euch ja wieda nich. Lügenpresse!«

Ich nehme unser Tablett entgegen, der Fotograf blitzt, Turgut fragt: »Brauchen Sie eine Quittung?« Ich schaue ihn überrascht an. »Na, die anderen Pressetypen wollen immer eine Quittung.« Wahrhaftig: ein echter Profi. »Nee, schon gut«, sagt der Fotograf. »Arschlecken!«, brüllt es vom Tisch hinten.

Dann wechseln wir die Bahnsteigseite, weil der Fotograf den Imbiss in der Komplett-Ansicht im Hintergrund haben möchte und deshalb einen größeren Abstand braucht. Außerdem will er eine einfahrende Straßenbahn mit einfangen. Ich soll mich also auf den Straßenbahn-Bahnsteig stellen, in der einen Hand das Papptablett und in der anderen eine Pommes aufgepiekt in die Luft halten und sie wie ein richtiger Schriftsteller nachdenklich anschauen. Der Fotograf fährt dazu großes Gerät auf, Spiegelreflexkamera, Stativ, externer Blitz. Schon blitzt es los. Unzufrieden guckt er auf das Display. Wir brauchen noch einen Aufhellblitz. Der besteht aus einer großen weißen Leinwand, die auf einem etwa anderthalb Meter hohen Metallgerüst installiert und über irgendeinen Kasten mit roten und grünen Leuchtdioden mit dem Blitzgerät synchronisiert ist und dann noch zusätzlich ein bisschen mitblitzt.

Das alles ist, vorsichtig gesagt, nicht gerade diskret. Wir haben mitten auf dem Tram-Bahnsteig ein komplettes Fotostudio aufgebaut, es ist 18 Uhr, ein großes Gewimmel an Leuten steigt hier ein und aus, ich stehe natürlich allen im Weg. Die Leute drücken sich vor und hinter mir vorbei, leise fluchend, ärgerlich äugend, kopfschüttelnd, während Blitz und Aufhellblitz stroboskopartig durch die weit fortgeschrittene Dämmerung blitzen.

Ich versuche, so ungerührt wie möglich inmitten des Tumults zu stehen, halte mein Tablett tapfer fest, starre extrem nachdenklich auf meine Pommes und schelte mich selbst einen Idioten, weil ich selbst jetzt den inneren Drang nicht abstellen kann, möglichst unauffällig wirken zu wollen.

Bald hat sich eine Gruppe migrantischer Teenager um uns versammelt, die kichern und uns mit ihren Handys filmen. Sie wollen wissen, was wir hier machen. Der Fotograf erklärt es. »Zeitung? Ich will auch in die Zeitung!«, ruft einer. Dann hüpfen sie giggelnd immer mal wieder ins Bild. Ich konzentriere alle meine Sinne auf das Pommesstäbchen auf meinem Pieker, das ich anschaue, als versuchte ich, es zu hypnotisieren. »Möselecken! Arschficken!«, schallt es vom anderen Bahnsteig begeistert zu uns herüber. Einer der Adolszenten ruft: »Ey, ich hab voll Starpotenzial, bring mich in die Zeitung.« »Dann musst du aber die Boulette hier essen«, versuche ich ihn abzuwimmeln. »Ist da Schwein drin?« »Ich glaub nicht mal, dass da überhaupt Tier drin ist«, mutmaße ich. »Da ist bestimmt Schwein drin!« »Wenn du in eine deutsche Zeitung willst, musst du auch Schwein essen.« »Verarsch mich nicht. Du isst das Ding doch selber nicht«, zeigt er sich jetzt als guter Beobachter, »du guckst nur nachdenklich auf deine Pommes, als wärst du so was wie ein Schriftsteller.« »Arschlecken!«, hallt ein fernes Echo.

Dann ist plötzlich Schluss mit dem Geblitze, verwirrt löse ich mich aus meiner Trance, die Menge um uns herum murrt leise und enttäuscht. Eine Straßenbahn fährt ein, zwei Minuten später stehen wir fast wieder allein auf dem Bahnsteig. Der Fotograf packt seine Ausrüstung ein.

Eine ältere Frau tritt an uns heran und zeigt auf mein Tablett: »Essen Sie das noch?« »Äh, also eigentlich ... eher nicht.« »Darf ich?«, fragt sie. »Ist aber schon kalt«, sage ich, als ich ihr das Tablett gebe. Sie erwidert nichts und beginnt umstandslos, das Zeug in sich hineinzuschlingen, während sie wortlos weiterzieht.

»Und?«, fragt der Fotograf mich, als er alles verstaut hat, »was meinen Sie? Geht es hier jetzt als Nächstes los mit der Gentrifizierung?« »Ich weiß nicht so recht«, sage ich, »immerhin hat der *Imbiss zur Mittelpromenade* jetzt richtiges Geschirr.«

Um die Breite einer Nuss

Man wird ja immer nervöser allmählich. Freie Wohnungen gibt es auch im Wedding schon lange nicht mehr, die Mieten steigen unaufhaltsam, und jetzt hat auch noch die Bio Company eine Filiale in der Müllerstraße eröffnet. Bei uns gegenüber hat eine von amerikanischen Hipstern via Crowd Funding gegründete Micro Brewery namens Vagabund aufgemacht, direkt daneben laden langbärtelige, behornbrillte Zottelhipster in eine neue Kulturkneipe namens »Nussbreite«, die von donnerstags bis sonntags geöffnet hat und deswegen ihr Donnerstagsprogramm das »Nuss-Montagsprogramm« nennt, weil der Montag schließlich der erste Tag der normalen Woche ist und eben der Donnerstag der erste Tag der Nussbreiten-Woche, wie ich dem »Nussletter« entnehme, für den ich mich offenbar eingetragen habe, als ich da neulich nachts mal einen Nusslikör zu viel getrunken hatte.

Solche langbärteligen, behornbrillten Zottelhipster sind das also. Aber ich muss zugeben, dass es dort sehr schön ist. Wahnsinnig nette, junge Menschen, über die man natürlich leicht lästern könnte, weil sie erstens so jung und zweitens so nett sind und drittens auch noch anders aussehen als wir damals, als wir noch jung und nett waren. Mit dem Alter wächst allerdings die Einsicht in die wiederkehrenden Kreisläufe des Lebens, und man ahnt allmählich, warum wir in unserer Jugend fanden, dass die

Älteren so seltsame Sachen sagen: dass die jungen Leute ja auch immer bescheuerter werden und so. Und jetzt ertappt man sich zunehmend dabei, wie man selbst genau solche seltsamen Sachen denkt wie die Älteren damals, aber mir bleibt noch ein Rest von Erinnerung an das, was ich damals zu so etwas gedacht habe, und der lässt mich vermuten, dass wir damals einfach Recht hatten und es tatsächlich scheiße war, was die Älteren gesagt haben und was ich heute fast gedacht hätte. Deswegen verbiete ich mir jeden lästerlichen Gedanken über das Aussehen der jungen, wahnsinnig netten Leute und rufe vielmehr generationenübergreifend dazu auf, alle Menschen zu ächten, die meinen, sich zum Aussehen anderer abfällig äußern zu müssen.

Folgt mir auf die Barrikaden gegen die Modediktate und Trendvorstellungen der Bescheidwisser, gegen die »Geht gar nicht«- und »Must have«-Sager! Und dabei ist es scheißegal, ob die »Geht gar nicht«- und »Must have«-Sager »geht gar nicht« und »must have« in den Kicherkolumnen neofeministischer Topcheckerinnen-Blätter oder im bieder-bräsigem Klassenbewusstsein irgendwelcher Mode-Blogs von *Brigitte* oder *Welt-online* sagen. Es ist doch ganz einfach: Wer meint, sich darüber mokieren zu müssen, wie andere sich anziehen oder welche Frisur sie tragen, ist ein spießiges Arschloch, ganz egal, ob er nun grün oder links wählt oder bei Pegida mitmarschiert. Und wo, wenn nicht im Wedding, sollte die Revolution gegen diese Modefaschisten beginnen. Sie darf nicht eher ruhen, bis sie alle am Kleiderhaken baumeln, die Stil-Kolumnistinnen und -Kolumnisten, ganz egal ob vom *Missy Magazin*, von *Men's Health*, von der *Gala* oder der *Bunten*!

So sinnierte ich beim Nusslikör in der Nussbreite vor mich hin, während um mich herum junge, hübsche Frauen und Männer in fremdartigen Körperkluften und mit interessanten Hüten auf dem Kopf lachten, tranken und parlierten, auffallend oft auf Englisch.

Wie es überhaupt sehr rätselhaft ist, wo plötzlich all die englischsprachigen Menschen herkommen. Ich wohne seit 1991 im Wedding, und ich bin mir sicher, dass ich dort bis etwa 2010 nicht ein einziges Mal einen englischsprachigen Menschen irgendwo auf freier Wildbahn angetroffen hätte, so etwas gab es hier einfach nicht. Und jetzt hat mich neulich der türkische Dönermann beim weit-nach-mitternächtlichen Imbiss müde angesprochen mit: »Do you want Döner? Which sauce, Knoblauch-kräuterscharf?« Ich habe ihn fassungslos angestarrt und vorsichtig »Aber ich bin es doch!« gewispert. Da hat er die Augen noch mal aufgemacht und gemurmelt: »Tschuldigung, Großer. Sind so viele mit Englisch hier jetzt. Überall Englisch. Hab ich vorhin ganz normal zu Kunde gesagt: *willstu Döner?*, hat der mich so voll komisch angeguckt, weißtu, und hat er gesagt: *Do you have an English menu?*« Er schüttelte empört den Kopf.

Neben der neuen Nussbreite hat jetzt ein noch neueres Café aufgemacht. Es heißt »Lichtsauger«. Im Schaufenster steht ein uralter Computer mit grünem Bildschirm, der den Schriftzug »Lichtsauger« zeigt. Es gibt biologisch zusammengeschraubten Käse aus ausgesuchten italienischen Gebirgsstöcken und vegane Sonntagsbrunches. Ob der Wedding dafür schon bereit ist?

Bei der Bio Company bin ich mir da ja auch nicht so sicher. Der Öko-Supermarkt wirkt jedenfalls bislang noch weitgehend verwaist, die Weddinger eilen hastig an ihm vorbei auf ihrem Weg zum Netto oder zum Lidl. Ich bin ebenfalls skeptisch. Vor allem gegenüber meiner eigenen Kaufmotivation. Bislang war ich aus Bequemlichkeits-gründen meist beim Kaiser's oder Reichelt einkaufen gegangen. Das ist nicht ganz so schäbig wie Aldi oder Lidl, aber doch halbwegs bodenständig. Und: Irgendwie habe ich mich dort sehr gut dabei gefühlt, nach Möglichkeit die Bioprodukte aus dem Regal zu fischen. Ja, ich war ein bewusster Konsument, ich griff nicht einfach zur billigsten Nudeltüte, sondern auch schon mal direkt daneben zur ökologisch korrekten, und ich konnte mich fortwährend darüber wundern, warum es überall Bio-Milch gibt, aber nirgendwo Bio-Butter, obwohl das doch vom Ausgangsprodukt dasselbe ist, oder kriegt man Bio-Milch nicht so gut zu Butter geschlagen? Egal, ich fühlte mich jedenfalls gut beim Einkauf, und ja, es ist ein niederes Motiv, aber ich kam mir wie ein besserer Mensch vor, als ich die Bio-Milch in den Einkaufswagen gelegt habe.

Aber jetzt in der Bio Company? Wo alles voll ist mit den absonderlichsten Vollwert-Produkten? Wo es nicht nur ganz selbstverständlich Bio-Butter gibt, sondern auch Bio-Müsli, Mango-Macadema-Likör, Bio-Meersalz-Peperoni-Schokolade und vegane Kondome? Und mal unter uns: Diese Bio-Müslis schmecken einfach nicht, ich hab's probiert. Da lobe ich mir Kellog's Frosties. Mit Original Industriezuckerguss. Und sofort bekomme ich ein schlechtes Gewissen, wenn ich zwischen den Regalen herumschleiche, mit diesem albernen Handkorb, mit dem dort alle herumlaufen, weil ein ordentlicher Einkaufswagen vermutlich ein schlechtes Karma bringt, wegen zu viel Konsum und so, selbst im Öko-Discount-Supermarkt muss man schließlich gegen zu viel Konsum sein, und ich komme mir vor wie der letzte Wedding-Proll, wenn ich die wenigen anderen Gestalten im Geschäft sehe, die mit heiligem Ernst die Inhaltsstoffe veganer Brotaufstriche vergleichen oder merkwürdige Vollkornbratlinge kaufen.

Es ist nicht zu leugnen: Sobald ich die Bio Company betrete, werde ich umgehend wieder zu dem schlechten

Menschen, der ich immer schon war, da hilft es gar nichts, dass ich jahrelang beim Kaiser's Bio-Milch gekauft habe. Ich glaube, ich geh beim nächsten Mal gleich zu Aldi.

Ich bin jedenfalls skeptisch, was den neuen Wind hier angeht. Zugegeben, die Gegend war insgesamt in den letzten Jahren ganz schön heruntergekommen. Da freute man sich durchaus, wenn mal ein brauchbarer neuer Laden eröffnete. Trotzdem: Bio Company, Vagabund, Nussbreite, Lichtsauger – alles schön und gut, aber jetzt könnte auch mal wieder ein richtig schönes Nagelstudio aufmachen, ein neuer 1-Euro-Shop oder ein ordentlicher Spielautomatenladen!

Als ich neulich nachts noch auf einen Absacker in die Nussbreite einkehrte, lief dort Tocotronic. Die ganz alten Sachen, von »Digital ist besser«. Dann die Sterne, Huah! und Die Regierung. Meine Musik! Erst war ich ganz begeistert, dann beunruhigt. »Sag mal«, fragte ich den jungen Mann mit dem eindrucksvollen Bartwuchs hinter dem Tresen, »ist das jetzt etwa schon retro?« Ich fühlte mich alt und schwach. Er sah mich überrascht durch seine monströse Hornbrille an: »Nein, wieso retro? Das ist einfach nur meine Lieblingsmusik!«

Ach, das ist ja schön, dachte ich. Und in das große Steakhaus an der Kreuzung Müllerstraße zieht jetzt ein brandneues Wettbüro ein. »Hattrick – Sportwetten und Spielautomaten«, verspricht das Schild im Schaufenster. Vielleicht ist der Kampf ja noch nicht verloren.

Veganer Erstkontakt

Es ist nicht zu leugnen: Veränderungen sind jetzt auch bei uns im Kiez überall zu bemerken. Hörte man früher draußen auf der Seestraße ausschließlich Sprachen jenseits des Schulbildungskanons wie Türkisch, Arabisch oder Berlinerisch, spricht jetzt plötzlich jeder zweite hier Englisch oder Spanisch.

Wie aus dem Nichts entstanden plötzlich nette Kneipen, in die auch unsereins gerne reingehen mag. Nette Kneipen, wie man sie aus Stadtteilen wie Kreuzberg, Mitte oder Friedrichshain kennt. Ganz ohne Spielautomaten und Leuchtstofflampen. Dafür mit selbst gebrautem Bier. »Das wird doch nie was«, dachte ich, als die Micro Brewery gegenüber aufmachte, »schnell mal hingehen, ehe die wieder zumachen«. Aber es wurde nicht nur was, es wurde sogar ein großer Erfolg. Endlich konnte ich mich mal guten Gewissens bei uns in der Nähe mit Freunden verabreden. Nicht, dass man früher im Wedding nichts zu trinken bekommen hätte. Aber wenn man Unbeteiligte, also Nicht-Weddinger, hierher lotste, benahmen die sich immer so, als wären sie frühe Forschungsreisende, die auf einer Südsee-Insel anlandeten, die gemeinhin für Kannibalismus bekannt ist.

Aber jetzt gibt es das Vagabund und das Frederick und die Nussbreite, und man kann einfach so reingehen. Vielmehr: könnte einfach so reingehen. Wenn man denn reinkäme. Als ich neulich mit einem alten Freund an einem Freitagabend verabredet war, um ihm zu zeigen, dass man jetzt auch im Wedding ausgehen kann, war alles voll. Wenn überhaupt, dann nur Stehplätze mitten im Raum. »Da hätten wir ja gleich nach Kreuzberg gehen können«, knurrte der Freund. Es ist wirklich ein Witz: Jahrelang kann man nirgends hingehen, weil es nichts gibt, und kaum gibt es was, kann man nicht hingehen, weil alle da hingehen.

Wir beschlossen, erst mal was zu essen. Ich schlug die Dönerbude meines Vertrauens vor, mein Freund fragte, ob die denn auch vegan hätten. Ich dachte, er scherzt. Er ist schließlich mein Freund. »Nein«, sagte ich, »keine Sorge, so schlimm ist es dann doch noch nicht. Die Kneipen mögen überfüllt sein mit hipsterigem Jungvolk, aber die Dönerbuden sind noch Dönerbuden.« »Dann lieber nicht«, sagte der Freund. Ich staunte. Ich staunte sogar gleich doppelt. Erstens, weil mein Freund offenbar zum Veganer mutiert war. Und zweitens darüber, dass ich ohne mit der Wimper zu zucken sagen konnte: »Gut, dann gehen wir eben in den Lichtsauger bei mir um die Ecke, der hat vegan.« »Lichtsauger?«, fragte mein Freund irritiert. »Du wolltest doch vegan!«, sage ich vorwurfsvoll, »die heißen nun mal so.«

Der Freund, so erfuhr ich im Lichtsauger, macht einen Selbstversuch. Drei Monate lang will er vegan leben. Zur Selbsterfahrung. Um mal wirklich mitreden zu können. Und um ein Buch drüber zu schreiben, dass sich angesichts des Vegan-Hypes anschließend gefälligst wie geschnitten Wurst verkaufen würde, freute er sich. Aber es sei nicht leicht. Immerhin vier Wochen habe er schon überstanden, aber dauernd werde er von seinem Umfeld gedisst und mit Unverständnis verfolgt. »Ach, soll doch jeder machen, wie er will«, sagte ich nur, »mir ist das ganz egal. Du brauchst dich für nichts zu rechtfertigen. Wir müssen auch gar nicht drüber reden.« Mussten wir aber doch. Der Freund hatte Redebedarf. Detailliert berichtete er von seinem exakt 26-tägigen Martyrium, während wir als einzige Gäste im Lichtsauger an unserem Tischlein hocken. »Tischlein« deswegen, weil die winzigen Stühlchen und Tischchen korrespondierten mit den lustig kleinen Portionen veganen Irgendwas', die uns die Bedienung als Gnocchi angepriesen hatte. Die Bedienung, die so dermaßen klischeehaft nach einer lust- und lebensfeindlichen Veganerin aussah, dass ich mir auf der Stelle wünschte, sie möge doch bitte übergewichtig und gutgelaunt sein, nur um mal das Klischee zu brechen. Aber so war sie nicht, und die Chronistenpflicht zwingt mich festzuhalten, dass sie nun einmal aussah, wie sehr bösartige Carnivore eine Bedienung in einem veganen Restaurant aussehen lassen würden, wenn sie darüber berichteten. Immerhin, dafür sahen die veganen Gnocchi auf unseren Tellern ganz und gar nicht wie Gnocchi aus, sondern eher wie aufgequollene Pfannkuchen. Wie sehr, sehr kleine aufgequollene Pfannkuchen. Allerdings schön dekoriert, das sei lobend erwähnt, mit winzigen Blättchen und undefinierbaren, aber ganz nett darübergestreußelten Unkraut-Krümeln.

Ich kam mir deplatziert vor. Ich traute mich kaum, mich auf meinem Stuhl zu bewegen, weil ich Angst hatte, er bräche unter mir zusammen. Mich auf den Tisch aufzustützen, wagte ich aus demselben Grund erst recht nicht. Immerhin, die Last unserer beiden Teller trug er aber souverän. Denn auf den Tellern war ja praktisch nichts drauf.

Ich war mir nicht sicher, wie man so etwas richtig isst. Es war so wenig, dass man es im Grunde mit einem beherzten Gabelhieb hätte verschwinden lassen können.

Das schien mir aber irgendwie unangemessen bei einem Gericht, das immerhin neun Euro fünfzig kostete. Ich kam mir sofort sehr ungehobelt, barbarisch geradezu vor. Ich stellte mir vor, wie die verkniffene Bedienung hinterm Tresen lauerte: »Aha! Der Fleischfresser stopft unsere von Kinderhänden in Südostasien aus handverlesenen Sojabohnenspitzen sorgsam zusammengespeichelten Vegan-Gnocchi einfach so achtlos in sich hinein, als wären sie ein blutiges Leichenteil. Bestimmt wird er nachher lästern, dass es nichts Anständiges zu essen gab, und sich irgendwo eine Wurst holen!«

So einfach aber wollte ich es der Frau nicht machen. Also filetierte ich vorsichtig an meinen Pfannküchlein herum, mit der Sorgfalt eines Chirurgen, der versucht, bei der Krebsoperation das böse Gewebe von dem guten zu trennen. Der Veganer auf Probe mir gegenüber seufzte auf und griff zu seinem Handy. Er wischte ein paarmal darüber, dann gluckste er glücklich: »Pulled-Pork-Sandwiches!«, sagte er nur. Ich verstand nicht. »Ich habe neulich dermaßen Lust auf Pulled-Pork-Sandwiches bekommen, da habe ich mir einfach einen Schwung Bilder aus dem Netz runtergeladen. So habe ich sie immer ganz nah bei mir. Das hilft.« Mit träumerischem Blick strich er durch eine Galerie voller vor saftigem Fleisch überlaufenden Brötchen- und Brothälften. »Hier, sieht das nicht toll aus?« Er hielt mir eines vor die Nase. Traurig blickten wir anschließend auf unsere Teller. Ach, was soll's, dachte ich, nahm die Gabel entschlossen in die Hand, und der vegane Gnocchi-Quatsch war verschwunden.

Sogleich eilte die Bedienung zu unserem Tisch: »Darf's noch etwas sein?«, fragte sie hinterhältig. Eine Falle! Aber so leicht ließ ich mich nicht vorführen: »Nein, danke, ich bin restlos satt«, sagte ich ganz ernst, während der Freund versuchte, ein hysterisches Kichern zu unterdrücken. Dann zahlten wir und gingen. Vielleicht war ja jetzt in der Micro Brewery ein Plätzchen frei für uns.

Die Spanier, die kürzlich bei uns im Haus eingezogen sind, kamen uns auf der Seestraße entgegen und begrüßten mich fröhlich mit den Worten: »Ey, wart ihr wirklich in dem Veganerschuppen? Ihr seid ja krass!« Ich wies entschuldigend auf meinen Freund, der mich böse anguckte. Aber diesmal passten wir in die Micro Brewery, und nach ein paar vorzüglichen IPAs war jeder Groll vergessen.

Als wir wieder herauskamen, es war nach zwei, wurden wir von Rauchschwaden umhüllt, die uns das Wasser im Mund zusammenlaufen ließen. Es roch nach Grill. Ich war verwundert. Aber tatsächlich: unser Spätkauf! Yusuf, der Chef dort, hatte in dieser lauen Frühlings-Wochenendnacht einfach so einen Elektro-Grill mitten auf den Bürgersteig gestellt und verkaufte nun Bratwürste und Nackensteaks an die trunkenen nächtlichen Flaneure. Ich stellte mich fröhlich an, mein Freund strich derweil traurig über das Display seines Telefons.

Vor mir in der Schlange stand eine hagere Frau. Sie kam mir bekannt vor, ich guckte noch einmal hin: tatsächlich. Es war die Bedienung vom Lichtsauger, die sich gerade ein wunderbar duftendes Nackensteak vom Grill reichen ließ und sogleich beherzt hinein biss. Sie sah sehr vergnügt dabei aus. Ich war es auch sogleich. Sie grüßte mich freundlich kichernd, als sie an mir vorbeiging. Und eigentlich, das sei an dieser Stelle dann doch zugegeben, waren die Gnocchis vom Lichtsauger wirklich verdammt lecker.

Miteltern

Der Unheil verkündende Zettel in der Postmappe des Sohnes drohte an, dass über die kommende Klassenfahrt zu sprechen sei. Deswegen werde ein Elternabend einberufen. Herrjeh, dachte ich da, was soll das denn? Wenn Klassenfahrt ist, würde doch ein Zettel, auf dem alles draufsteht, völlig reichen: wann geht's los, wann müssen wir sie wo wieder abholen hinterher, und gut is'. Aber nein, wir werden einen ganzen Abend lang gründlich durchinformiert. Und müssen alle möglichen Entscheidungen treffen.

Schon geht es los. Taschengeld. Die Kinder sollen ihr Taschengeld in einem Briefumschlag mit Namen drauf mitbringen. Der wird dann bei den Lehrern abgegeben. Wenn sie sich am Kiosk in dem Schullandheim etwas kaufen wollen, können sie sich das Geld wieder abholen. So ist gewährleistet, dass es nicht verloren geht. Und natürlich, wir sind schließlich eine Weddinger Grundschule, dass die lieben Kleinen sich nicht gegenseitig überfallen, um an die Kohle der anderen zu kommen. Eine zweifellos sinnvolle Einrichtung.

Doch die Miteltern schauen sich ratlos an. »Aber wieviel?«, flüstern sie verunsichert. »Wie, wieviel?«, werfe ich irritiert ein, »einen Umschlag halt.« »Aber wir müssen doch wissen, wieviel Geld da rein soll!« Ach, es ginge ja nur darum, am Kiosk mal ein paar Süßigkeiten zu kaufen, fünf oder zehn Euro würden für die fünf Tage völlig ausreichen, erklärt der Lehrer. Die Miteltern gucken nun noch verunsicherter, es zischelt und tuschelt gar ärgerlich bis erregt: »Aber dann hat ja ein Kind fünf Euro dabei und das andere zehn!«, faucht eine Mutter. In der Tat. So wird es am Ende kommen, denke ich. Man könnte sagen: wie es halt so ist im Leben. Und in der Schule. Da haben auch einige Kinder Taschengeld dabei und kaufen sich nach Schulschluss im Spätkauf gegenüber Sammelkarten, und die anderen nicht. Die einen haben Handys, die anderen nicht. Die einen haben Väter, die anderen nicht. So geht es eben zu da draußen.

Aber nicht auf der Klassenfahrt. Erregte Debatten folgen. Ich seufze. Schnell bilden sich zwei Lager: Die Budgetisten gegen die Kapitalliberalen, scharfe Wortgefechte folgen. Ich schaue fassungslos auf die Uhr. Seit einer halben Stunde diskutieren hier dreißig erwachsene Menschen miteinander, ob die Kinder nun alle gleich viel Taschengeld mitnehmen sollen oder nicht. Die Stimmung wird zunehmend gereizt, in einer Kampfabstimmung setzen sich die Budgetisten knapp durch. Auch gut, Hauptsache, wir müssen über den Quatsch nicht weiter reden, denke ich.

Aber zu früh gefreut. »Gut, also: Alle nehmen gleich viel Taschengeld mit. Aber: wieviel denn nun?«, fragt eine Mitmutter, und sofort brechen erneute Tumulte aus. Fünf oder zehn Euro, das ist hier die Frage. Mit offenem Mund verfolge ich staunend, dass man sich dazu eine engagierte Meinung bilden kann: »Fünf Euro sind ein Euro pro Tag, das ist doch eine sehr logische Einheit, damit können die Kinder gut umgehen.« »Zehn Euro sind zwei Euro am Tag, da lernen sie gleich viel besser, auch mal mit ›geteilt durch‹ zu rechnen.« »Zehn Euro ist viel zu viel. Dann kaufen sie sich dafür nur Gummibärchen und kriegen Bauchweh.« »Fünf Euro ist viel zu wenig, ist doch klar, dass sie sich dann nur Gummibärchen kaufen, was anderes kriegt man dafür ja gar nicht.« Die Hilfspaketverhandlungen mit Griechenland waren ein Dreck dagegen. Hier werden gerade Feindschaften fürs Leben geschlossen. Ich schaue auf die Uhr: sechzig Minuten. Am Ende einigen wir uns auf sieben Euro fünfzig. Das kann zwar kein Mensch auf fünf Tage verteilen, aber die Kinder sollen ja auch lernen, insgesamt mit ihrem Budget umzugehen.

Womit allerdings die nächste Front sofort eröffnet ist: »Dürfen die Kinder denn Süßigkeiten von zu Hause mitbringen?«, fragt ein Vater, der bei mir schon als notorischer Querulant unter verschärfter Beobachtung steht. Ich muss unbedingt herausfinden, zu welchem Kind der gehört, damit ich meines davor warnen kann, sich ja nicht mit dem Blag von diesem Vollidioten anzufreunden. Einige Eltern heulen auf, als habe sich gerade ein stadtbekannter Kinderschänder als Aufsichtsperson für die Fahrt vorgestellt. Süßigkeiten mitgeben? Womöglich schon für die Busfahrt? »Dann haben einige Kinder total viel dabei und die anderen gar nichts, das ist ungerecht«, quiekt es, und: »Dann beschmieren die die Sitze im Bus, und wir müssen am Ende die Reinigung bezahlen«, aber auch: »Ich lasse mir doch nicht vorschreiben, was ich meinem Kind in die Frühstücksdose packe, so weit kommt das noch.«

Neunzig Minuten. Und da haben wir noch nicht darüber gesprochen, inwieweit die Kinder sich allein auf dem Gelände der Unterkunft frei bewegen dürfen, wie die Aufteilung der Schlafsäle zu gestalten ist, und, für mich der bizarre Höhepunkt des Abends, wieviele Unterhosen sie mitnehmen sollen. Ich breche innerlich schluchzend zusammen.

Nach über drei Stunden guckt der Hausmeister in den Klassenraum und fordert uns auf, endlich abzuhauen. Guter Mann, ich bin ihm sehr dankbar. Die Miteltern aber knurren verärgert. So viele Fragen bleiben noch offen. Beim Rausgehen raunt mir eine Mutter zu, dass es eigentlich ein großes Ärgernis sei, wie wenig wir einbezogen würden. Das hätte man ja alles auch schon ein paar Monate eher angehen können, nicht erst so knapp vor der Fahrt, dann hätte man sich auch mehrfach treffen können, bis alles geklärt ist. Ich antworte ihr, dass ich es begrüßen würde, wenn demnächst alle Entscheidungen von den Lehrern alleine getroffen und wir in einem Schreiben einfach abschließend darüber informiert würden. Sie guckt mich ganz seltsam an, dann fragt sie unauffällig, wie mein Kind doch noch gleich heiße?

Am Ende aber bin ich ein bisschen stolz auf die Menschheit. Eigentlich erstaunlich, was sie alles hinbekommen hat: Pyramiden, Hochhäuser, Autobahnen, die Internationale Raumstation und immerhin wichtige Teile des Flughafens BER. Logistische Meisterleistungen, wenn man es genau bedenkt. Vermutlich, die Erkenntnis überfällt mich schlagartig, verdanken wir das alles im Wesentlichen nur Kinderlosen. Während wir den Miteltern vor allem absurde Debatten verdanken. Und nicht zu vergessen natürlich: die Masern.

Vielleicht sollte man darüber nachdenken, ob es wirklich eine so gute Idee ist, dass Leute, die Kinder haben, überall mitreden und sogar wählen dürfen. Vielleicht haben die auch einfach zu viel anderes um die Ohren, als dass sie zu gesellschaftlichen Fragen noch Sinnvolles beitragen könnten.

Ich jedenfalls fange flugs an, die Unterhosen meines Sohnes abzuzählen.

Davor warnt einen ja auch niemand, bevor man Kinder kriegt

»Wir müssen noch die Ziegen füttern!«, höre ich mich sagen. Aber die Kinder wollen nicht. »Papa, wir wollen ein Pferd!«, quengeln sie stattdessen wiederholt, »los, lass uns ein Pferd kaufen.« »Seid doch vernünftig«, rede ich eindringlich auf sie ein, »ein Pferd ist viel zu teuer. Und wir haben doch gar keinen Platz dafür!« »Doch!«, entgegnen sie entschlossen. Ich appelliere an ihre Einsicht: »Aber wir wollten doch auf einen Komodowaran sparen!« »Och nö«, quengeln sie, »wir wollen lieber ein Pferd.« Meine Kinder wollen lieber ein Pferd als einen Komodowaran? Ich fürchte, meine Erziehung ist gescheitert. Ich resigniere. Na gut, dann kaufen wir eben ein Pferd. Sie werden schon sehen, was sie davon haben.

Manchmal wundere ich mich ja selbst ein wenig, was wir da eigentlich machen. Aber seit die Kinder »My super cute Zoo« im Internet entdeckt haben, gibt es kein Halten mehr. Es ist noch gar nicht so lange her, dass Brauseboys-Kollege Robert Rescue einen Text darüber geschrieben hatte, wie er einen virtuellen Ponyhof betreute. Wochenlang hat er, angeblich nur zu Recherchezwecken für eine Geschichte, seine virtuellen Pferde täglich mehrfach beritten und gefüttert, hat mit ihnen für Rennen trainiert und den Tierarzt gerufen. Mit der Taste F5. Ungläubig und kopfschüttelnd hatte ich seinen Schilderungen aus den Tiefen des Netzes gelauscht. Ich meine: Klavierpedalfetischisten, Spermaspiele, Jazzplatten-Datensammler, Fans von Bayern München – das Netz ist voll mit Wahnsinnigen aller Art, die ihren abwegigen Obsessionen nachgehen, und ich habe ein großes Herz für sie alle. Soll doch jeder machen, wie er will. Aber als dann noch die hochgeschätzte »Jungle World«-Redakteurin Elke Wittich in einem Text verriet, dass sie ebenfalls auf dem virtuellen Ponyhof ein Gestüt unterhielt, auf dem sie unter anderem das »Lügenpferd Pegida« durchfütterte, wurde mir die Sache allmählich unheimlich. Dementsprechend erleichtert atmete ich auf, als Rescue nach ein paar Wochen seine Pferde endlich alle elendig verrecken ließ. Er schien wieder normal zu werden.

Und nun also kaufe ich selbst ein Pferd, aber nicht für einen lausigen Ponyhof, sondern für unseren superniedlichen Zoo. Dort tummeln sich bereits Braunbären und Gürteltiere, Ameisenigel und Erdmännchen. Mit einem Wort: Wir haben Level 22 erreicht! Morgens vor der Schule, nachmittags nach dem Hort und abends vor dem Schlafengehen loggen wir uns ein, um unsere Tiere zu füttern, sie zu pflegen und mit ihnen zu spielen. Was so geht: Man fährt mit der Maus über den Bildschirm, auf dem all unsere Tiere in adretten Gehegen lustig animiert herumhüpfen, und klickt dann drei Mal auf jedes Exemplar. Klick, klick, klick. Einmal auf den Napf, für Futter, einmal auf die Bürste, für Pflegearbeiten, einmal auf den Ball, für Spielen. Immerhin, Enrichment hat es also selbst schon in den virtuellen Zoo geschafft. Bei den Papageien ist das mit dem Anklicken übrigens gar nicht so einfach, weil die immer so herumflattern. Bei jedem Klick machen die Tiere dann superniedliche Geräusche, also »eheehe« die Flamingos oder »och-och« das Flusspferd, und wir bekommen Erfahrungspunkte dafür. Hat man genug davon zusammen, steigt man einen Level auf und kann noch mehr supersüße Tiere kaufen. In Level 23 etwa locken das Rüsselschwein und eben der verdammte Komodowaran. Angesichts dessen ist es natürlich vollkommen irre, jetzt ein triviales Pferd zu kaufen. Ein Komodowaran würde viel mehr Punkte bringen und außerdem ordentlich Publikum anziehen. Mit einem Pferd dagegen lockt man keinen müden Besucher aus dem Glasfaserkabel heraus.

Was macht man nicht alles für die Kinder. Anfangs habe ich mich noch strikt geweigert, diesen Quatsch mit ihnen zu spielen. Aber sie waren so fasziniert davon, alle anderen in der Schule spielen es auch, und alleine will ich sie auf gar keinen Fall an den Computer lassen. Also mache ich halt mit. Außerdem ist das ja allemal besser, als wenn sie irgendwelche Zombies abschießen würden. Obwohl – ist es das wirklich?, grübele ich, während ich stumpf drei Mal auf jeden unserer 53 Hasen klicke, die dann dreimal supersüß vor sich hinmümmeln. Die gibt es nämlich dauernd im sogenannten Booster-Pack als Belohnung dafür, dass man wieder darauf verzichtet hat, einen Tag verstreichen lassen, ohne »My super cute Zoo« aufzurufen.

Deswegen leidet unser Zoo inzwischen unter einer veritablen Hasenplage. Leider fehlt die Option, die einen Zootiere an die anderen zu verfüttern. Dabei haben wir sogar einen Jaguar, der da sicher Interesse hätte. Aber das wäre wohl nicht mehr supersüß genug. Ganz wie im echten Zoo also, wo es auch immer großes Geschrei in der Öffentlichkeit gibt, wenn mal eine Bio-Giraffe aus eigener Nachzucht nach schöner Kindheit an die Löwen verfüttert wird, weshalb eben reichlich Rinder und Schweine aus der Massentierhaltung, die vorher ordentlich gelitten haben, dran glauben müssen. Abgesehen davon bringt die Vollversorgung von so einem schedderi-gen Hasen gerade drei mal acht Erfahrungspunkte. Är-gerlich.

»Los Kinder, wir gucken nach dem Zoo!«, rufe ich abends fröhlich ins Wohnzimmer, als ich nach Hause komme. »Och, mach du mal«, sagen sie, »im Fernsehen kommt Spongebob!« Na, soweit kommt das noch, dass ich für die Herren Söhne die virtuellen Hasen füttere! Man kennt das ja von echten Haustieren. Erst wollen die Kinder unbedingt welche haben und schwören hoch und heilig, sich gewissenhaft um sie zu kümmern, und dann müssen doch die Eltern die Viecher vor dem Hungertod bewahren. Aber jetzt drei Mal am Tag ihre Internet-Tiere füttern, das geht dann doch zu weit. »Aber nur aus-nahmsweise«, sage ich bestimmt, während ich den Rech-ner hochfahre.

Alles geht also seinen Gang. Neue Tiere wollen die Kinder schon noch kaufen, aber vor der täglichen Drecks-arbeit drücken sie sich. Das soll ich für sie erledigen. Und ihnen Bescheid geben, wenn genug Geld da ist, um was zu kaufen. Die spinnen ja wohl. Andererseits habe ich jetzt Abertausende von Mausklicks darauf verwendet, dass alles so schön geworden ist. Genau genommen: Drei mal 47.718 Mausklicks, wie das Statistikmodul mir mit-teilt. Verdammt, das heißt nur noch knapp über 2.000 Mal Tiere füttern, dann könnte ich endlich den Komodo-waran kaufen. Das wenigstens will ich noch schaffen, bevor ich den Quatsch hier ein für allemal lösche.

Es ist ein großer Triumph, als ich mich eines Nachmit-tags, als sie von der Schule kommen, vor den Kindern aufbaue: »Jungs, wollt ihr mal in unseren Zoo gucken? Wir haben jetzt Komodowaran-Babys!« »Och nö«, sagen sie, »wir wollen lieber Clash of Clans spielen!« »Clash of Clans?«, frage ich irritiert. »Ja, das ist so ein Spiel im

Internet, da baut man ein Dorf auf und muss das gegen Feinde verteidigen, mit Zauberern und Barbaren, und dann gewinnt man Gold und kann damit Drachen kaufen, und wenn man total gut ist und ganz viel dunkles Elixier gesammelt hat, gibt es sogar Lavahunde.«»Lavahunde?! Was soll das denn? Mensch, wir haben Komodowaran-Nachwuchs in unserem Zoo!«»Ach, der Zoo ist doch langweilig.«

Nachts, bevor ich ins Bett gehe, rufe ich »My super cute zoo« noch einmal auf. Die Komodowaran-Babys sind wirklich superniedlich. Wenn man sie anklickt, zischen sie ganz süß. Ich bin ein kleines bisschen stolz auf mich. Das habe ich ganz allein geschafft. Dann scrolle ich durch meinen Zoo, der inzwischen drei Bildschirme einnimmt. Über 200 hungrige Mäuler gilt es zu stopfen. 25 Besuchertoiletten müssen via Mausklick gereinigt, über 100 Pflanzen gegossen werden. Den nächsten Level erreiche ich in 348.000 Erfahrungspunkten. Da kann man dann Mammuts zurückzüchten. Und Dodos. Ausgestorbene Tiere also! Was für ein Quatsch! »Der Zoo ist doch langweilig!« – das Verdikt meiner Söhne lastet schwer über Level 25. Ich fürchte, sie haben völlig Recht. Irgendwie macht es mir jetzt auch keinen Spaß mehr.

Ein letztes Mal füttere ich die Nashörner, Warzenschweine, Polarfüchse und Hasen. Ich wünsche ihnen alles Gute. Dann schließe ich das Programm. Für immer. Ab morgen bauen wir Goldminen, Elixiersammler und Heereslager. Wäre doch gelacht, wenn wir diesen Lavahund nicht kriegen würden.

Kein Gott, kein Staat

Plötzlich hatten wir eine Obdachlose. Anfang des Jahres, mitten im Winter, lag sie plötzlich da. Vor unserer Haustür. Mit einem dicken Schlafsack, einer Iso-Matte und einer großen Lidl-Tüte hatte sie sich auf den Bürgersteig vor unserem Haus gelegt.

Nun ist meine Wohngegend nicht die allerfeinste. Und so sehr ich sie einerseits durchaus mag, so sehr ist mir andererseits bewusst, dass das Bodenständige, Ursprüngliche, Authentische, der Charme des leicht Abgerissenen, der mir mal aufrichtig gefällt, mal als skurrile, interessante Kulisse für das eigene eher wenig aufregende Leben dient, dass sie eben keine Kulisse ist, sondern realer, wenig erfreulicher Lebensraum zahlreicher anderer Menschen, und dass sich dieser Charme für mich wohl auch nur deshalb entfaltet, weil ich als vergleichsweise wohlhabender Bewohner doch genau weiß, dass ich nach dem Gang durch die angegammelte Nachbarschaft mit den schrägen bis kaputten Typen jederzeit in die warme, gut ausgestattete eigene Wohnung zurückkehren kann. Also: »warm« ist unstrittig, aber »gut ausgestattet« jetzt eher nach meinen Maßstäben. Ich weiß aus Erfahrung, dass andere der Meinung sind, dass meine Wohnung sich eigentlich nahtlos und geradezu perfekt in das leicht angegammelte, skurrile bis kaputte Umfeld einfüge.

Über die Obdachlose vor der Haustür erschrak ich dennoch ein wenig. Von den umgebenden Problemen zu wissen, ist das eine. Ihnen gelegentlich in Form lungernder Prekariatsjugendgangs, rollatorender Aggro-Omas oder streitfreudiger Drogen- und Alkoholkonsumenten durch geschickten Straßenseitenwechsel auszuweichen, geht auch noch problemlos. Etwas anderes aber ist es, aktiv darüber steigen zu müssen, weil sie nun mal rein physisch vor der Haustür liegen und den Weg versperren.

Die Frau, die relativ alt und sehr rundlich wirkte und ihr Kopfhaar offenbar zu einer Art Wärmeschutzhaube hatte zusammenwachsen lassen, ließ sich nicht stören von mir, als ich sie in einer Nacht mit Temperaturen um die Frostgrenze erstmals vor unserer Haustür vorfand. Auch auf vorsichtige Ansprache nicht. Ich war beunruhigt, also entschloss ich mich, zurück in der Wohnung, den Notruf zu wählen. Der Diensthabende dort versprach, jemanden vorbeizuschicken. Ob die wirklich da waren, weiß ich nicht, aber die Frau saß am nächsten Morgen, als ich Brötchen holen ging, immer noch da, mit einer in der kalten Morgenluft dampfenden Tasse Kaffee in der Hand, die ihr vermutlich der Falafel-Libanese spendiert hatte.

»Geht es Ihnen gut?«, fragte ich sie, was genauer betrachtet natürlich eine idiotische Frage war, denn dass es einer Frau, die in extrem verschmutzten Kleidern und mit extrem verdreckten Haaren nach einer im Freien auf dem Bürgersteig verbrachten Frostnacht nicht »gut geht«, darauf könnte man ja schon selbst kommen. Zumindest was ich unter »Gutgehen« verstehe. Aber was haben meine Maßstäbe schon mit dem Leben dieser Frau zu tun?

Jedenfalls sah sie mich nur mit großen Augen an, machte dann seltsame Kopfbewegungen, die ich als Nicken interpretierte, aber vielleicht wollte ich das auch nur. Dennoch überwand ich meinen Unwillen, mich dem Problem zu widmen, und fragte, ob ich etwas für sie tun könne. Aber sie schaute wieder nur und machte erneut eine undefinierbare Kopfbewegung, vielleicht verstand sie mich schlicht nicht. Und ich wollte glauben, dass der Notruf nachts tatsächlich jemanden vorbeigeschickt hatte. Die Leute dort sind ja immerhin hauptberuflich mit so etwas befasst und haben die Lage offenbar nicht als so ernst eingestuft, als dass sie eingegriffen hätten. Wahrscheinlich hat sie einfach nur schlecht geschlafen, dachte ich, was ja auch kein Wunder ist, wenn hysterische Nachbarn nachts dauernd den Notarzt vorbeischicken, der sie dann vermutlich eher unsanft aus dem Schlaf reißt. Sicherheitshalber kaufte ich ein Schoko-Croissant mehr und bot es ihr auf dem Rückweg an. Sie griff beherzt zu, sagte kein Wort, und begann sofort damit, das Teilchen zu essen.

Es ist erstaunlich, wie schnell man sich an veränderte Umstände gewöhnt. Die Obdachlose schlief nun allnächtlich vor unserer Tür, Tag für Tag, Woche für Woche. Sie variierte in Nuancen ihren Standort. Wenn es regnete, legte sie sich in den Eingang, sonst platzierte sie sich eher Richtung Grünstreifen, aber nicht so nah an diesen, dass die dort lebenden Ratten ohne Betreten des Bürgersteiges zu ihr in den Schlafsack krabbeln konnten. Sie legte offenbar Wert auf Distanz.

Erst tuschelten wir Nachbarn ein wenig und drückten uns gegenseitig unser Unbehagen über die neue Situation aus, aber auch das ging rasch vorbei. Bald schon war sie fester Bestandteil des Wohnumfeldes wie der bröckelnde Putz, die verbeulten Briefkästen und der Spätkauf. Wir vermuteten, dass die gute Versorgungslage sie angelockt hatte. Bei uns im Haus befindet sich ja dieses obskure Christencafé, die mit der Frau direkt vor dem eigenen Laden vermutlich ein noch weitaus größeres moralisches Problem hatten als wir gewissenlosen Heiden. Bei sich wohnen lassen mochten die Christen die schmutzige Alte allerdings offenbar auch nicht. Das ist natürlich schon dumm gelaufen irgendwie: Da verkünden sie auf ihren Schildern im Schaufenster, dass jeder willkommen sei, um hier »Gottes Liebe aufzutanken«, und dann müssen sie dem struppigen Schäfchen, das herbeigeeilt ist, irgendwann klar machen, dass der Tank jetzt aber voll sei und es bitte wieder gehen möge. Na ja, deren Problem.

Wobei die sowieso immer seltsamer werden. Seit Neuem bieten sie einen Service an, der mir bis dahin auch noch nicht untergekommen war: »Brauchen Sie Gottes Beistand?«, fragt das neue Schild in großen Buchstaben, darunter steht etwas kleiner: »Wir beten auf Wunsch gerne für Sie.« Toll: Jetzt kann man sogar schon das Beten outsourcen. Auf ähnliche Weise hat vermutlich auch das »C« in »CSU« bis heute Bestand.

Vielleicht aber hätte die Obdachlose ja doch lieber eine Schlafstätte als Gebete, und so kompensierten die Christen ihr deswegen vermutlich arg belastetes Gewissen durch reichliche Gabe von Lebensmitteln und Getränken an die Frau, und auch der Falafel-Mann schien sie regelmäßig zu beköstigen. Einmal beobachtete ich, wie Betrunkene, die nachts aus dem Spätkauf nebenan torkelten, einen Flachmann, eine Flasche Bier und eine Tüte Chips an die Obdachlose weiterreichten. Sie war sehr rundlich, und ich bekam eine Vorstellung davon, warum das so war.

Etwas unsicher reagierten die Jungaraber, die vor den Spielcasinos in unserer Häuserzeile gerne auf dem Bürgersteig stehen, rauchen und trinken und sich nun plötzlich praktisch mit der Alten im Bett wiederfanden. Sie hielten immer schön Abstand, aber nie konnte ich eine Aggression beobachten, wie überhaupt mal festzuhalten ist: Da mögen die Kriminalitätsrate noch so hoch und das

Gepöbel auf den Weddinger Straßen noch so groß sein – unserer Obdachlosen schien niemand eines der fettigen Haare zu krümmen. Tagsüber stellte sie ihre Siebensachen – genau genommen waren es nur drei: nämlich Schlafsack, Matte und Lidl-Tüte – in den Grünstreifen zu den Ratten, und dann ging sie ihrer Wege, wohin auch immer. Manchmal sahen wir sie tagsüber am U-Bahnhof Seestraße sitzen, manchmal auf einer Bank am Urnenfriedhof, manchmal war sie ganz weg. Aber abends tauchte sie stets wieder auf, klaubte ihre Klamotten aus dem Gebüsch und bereitete ihr Nachtlager.

So ging das wochenlang. Bis sie neulich einfach verschwunden war. Ihre Sachen waren weg, das war mir morgens sofort aufgefallen. Sie selbst stand durchaus manchmal früh auf, aber dass, wenn ich die Kinder morgens zur Schule brachte, ihre Sachen weg waren, war noch nie vorgekommen. Sie tauchte auch in den folgenden Tagen nicht wieder auf. Ich war beunruhigt.

Als ich eines Nachts nach Hause kam, sprach mich einer der Araber vom Spielcasino nebenan an. »Hey, du – weißt du, wo die hässliche, dicke Alte ist? Ist schon voll lange verschwunden. Hast du was gehört?« »Nein, ich weiß es auch nicht, eines Tages war sie einfach weg.« »Ja, voll unheimlich, oder? Hast du mal mit ihr geredet? Mit mir hat sie nie geredet. Aber ich bin ja auch Araber, vielleicht wollte sie nicht reden mit mir.« »Weswegen sollte sie nicht mit dir reden, nur weil du Araber bist?« »Weiß nicht, sind komisch, die Deutschen. Aber mit dir hat sie auch nicht geredet?« »Nee, mit mir hat sie auch nicht geredet. Ich weiß nichts von ihr.« »Aber du bist doch Deutscher!« »Na und? Hier gibt's viele Deutsche, mit denen ich noch nie geredet habe. Außerdem: So gut, wie du Deutsch sprichst, bist du doch auch deutsch?« »Ey, ich hab deutschen Pass, ja, aber ich bin Araber.«

»Wenn du einen deutschen Pass hast, bis du auch Deutscher.« »Ich sag doch, ihr seid echt komisch, ihr Deutschen. Araber nur wegen Pass zu Deutschen machen, aber Deutsche auf der Straße nicht fragen, warum sie da rumliegen.«

Grundgütiger, ich hatte einen echten AfD-Araber vor mir. Aber ich war zu müde, um mich mit seinem völkischen Quatsch weiter auseinanderzusetzen, zuckte mit den Schultern und wollte die Haustür aufschließen, da sagte er: »War voll widerlich, die Alte. Voll verfilzt. Aber hat mir auch voll leidgetan. Hoffentlich ist ihr nichts passiert. Ich lasse für sie beten.« »Du lässt für sie beten?« »Ja, da bei den komischen Jesus-Freaks. Hab ich das Schild gesehen und denen gesagt, betet mal für die Alte, die braucht das vielleicht.« »Wieso betest du nicht selbst für sie?« »Ey, ich bin Moslem, Mann! Die ist Deutsche. Da ist Allah nicht zuständig. Ist Sache von eurem Gott. Vielleicht hilft's ja.« »Ja, vielleicht«, sagte ich. »Brauchst du Gras?«, fragte er. Ich lehnte dankend ab und schloss endlich unsere Haustür auf.

PS: Später erfuhr ich, dass die Obdachlose Olga heißt, Russin ist und unter einer Psychose leidet, weshalb sie nicht in geschlossenen Räumen übernachtet. Sie ist den zuständigen Stellen allgemein bekannt. Man ist dort der Meinung, sie komme schon ganz gut durch. Helfen lassen will sie sich nicht. Sie wechselt regelmäßig ihren Standort in der Gegend. Neulich sah ich sie eine Weile vor dem Karstadt am Leopoldplatz sitzen. Da habe ich mich sogar ein bisschen über das Wiedersehen gefreut und sie freundlich gegrüßt. Sie hat nicht reagiert.

Fickt euch doch selbst

Teil 2[*]

Mein siebenjähriger Sohn kommt aus der Schule nach Hause. »Wir haben eine Hausaufgabe!«, strahlt Kiran mich an. Er hält mir einen kleinen Zettel vor die Nase, auf dem in ungelenker Schreibanfänger-Schrift drei Ausdrücke untereinander stehen. Nämlich: »Fick dich«, »Hurensohn« und »pervers«. »Ich habe dir doch oft genug gesagt, du sollst nicht alles nachplappern, was Mehmet so sagt«, ermahne ich ihn. Er dementiert empört. Er habe das gar nicht gesagt. »Und warum musst ausgerechnet du das dann abschreiben?« »Aber das muss doch nicht nur ich! Das müssen alle! Damit wir euch fragen, was das heißt. Das müssen wir dann aufschreiben und morgen im Unterricht erklären. Das ist die Hausaufgabe!« Ich schaue meinen Sohn verblüfft an. Gut, klar, die Lehrpläne müssen von Zeit zu Zeit modernisiert werden. Auch Schule muss mit den Anforderungen der Gegenwart Schritt halten. Aber echt – so?

»Du meinst, alle Kinder aus eurer Klasse müssen ihre Eltern fragen, was ›Fick dich‹ und ›Hurensohn‹ heißt?«

[*] Teil 1: Siehe »Im Wilden Wedding«, Tiamat, Berlin 2014. S. 154

»Ja.« »Alle?« »Ja.« »Auch Ayshe? Mit der Kopftuch-
mutter?«

»Ja. Das ist, weil einige Kinder das immer sagen. Und
da hat Frau Bernstein eben gefragt, ob wir überhaupt wissen, was das heißt. Und das wussten wir nicht. Und da
hat Frau Bernstein gesagt, wir müssen es aufschreiben
und zu Hause nachfragen.«

Ich kichere. Viel zu wenig wird ja die hervorragende
Leistung gewürdigt, die Grundschullehrer erbringen. Ich
aber will sie preisen und von ihr künden, wann immer ich
kann. Was für eine wunderbare Idee! Die Vorstellung,
wie 26 Erstklässler sich jetzt von ihren Eltern erklären
lassen, was dieses »Fick dich« eigentlich genau heißt,
dass sie da dauernd sagen, erwärmt mein Herz und macht
mir dermaßen gute Laune – da werde ich noch lange von
zehren.

Aber jetzt also erst mal dem Kind die Wörter erklären. Ist
bei uns zum Glück gar kein Problem. Wir sind ja schließlich nicht wie unsere Eltern. Bei uns gibt es keine Blumen und keine Bienen.

Zumal das ja auch ein wirklich selten blödes Beispiel
ist, keine Ahnung, wie das jemals solche Popularität er-
langen konnte. Was genau haben die damit damals eigentlich erklärt? Es gibt also Samen, die irgendwie von
einem Blütenpapa zur Blütenmama müssen. Und da
kommt dann die Biene und nimmt den Samen vom Papa
und bringt ihn zur Mama, damit dort dann das Blumen-
baby heranwächst. Dieses Bild ist doch nicht nur ver-
druckst, das ist auch noch vollkommen schief! Wer zum
Teufel sollte denn da beim Menschen die Biene sein?
Wer war der geheimnisvolle Typ, der nachts zu Papa
ging, ihm den Samen abnahm, um ihn dann bei Mama

einzupflanzen? So was kann sich doch höchstens eine Mutter ausgedacht haben, die vom Kind in flagranti erwischt worden ist. »Du, dass der Onkel Erwin hier gerade auf mir liegt, das ist nur, weil, der bringt mir gerade den Samen vom Papa, weißt du, der ist unsere fleißige Biene, damit du endlich dein kleines Schwesterchen kriegst ...«

Oder war das alles viel metaphorischer gemeint? Sollte der Penis gleich als drittes, quasi von Mama und Papa losgelöstes, völlig unabhängiges und unkontrolliert herumsurrendes, eigenständiges Wesen interpretiert werden, das halt manchmal irgendwie über die Mama hereinbrach und dann mit dem großen Stachel den Samen reinbohrte? Es ist doch kein Wunder, dass die Deutschen immer schon vollständig einen Hau weghatten, wenn sie diesen Scheiß allen Ernstes ihren Kindern erzählt haben.

Wir aber sind moderne, aufgeschlossene Eltern frei von jeder restriktiven Sexualmoral, für uns ist das alles ganz natürlich. Was Sex ist, haben wir den Kindern in groben Zügen schon ein paarmal zu erklären versucht. Gelegenheiten gibt es ja genug. Wir pflegen zu Hause Reptilien, die ja dauernd damit beschäftigt sind.

»Was machen die Leguane denn da?«

»Die machen Babys. Siehst du, das Männchen da steckt einen seiner beiden Hemipenes ...«

»Was?«

»Na, die haben halt zwei Puller. Und einer davon wird jetzt also beim Weibchen in die Kloake reingesteckt, also, das ist so was wie die Scheide. Das geht aber nur, wenn die speziellen Dornen am Puller von diesem Männchen hier auch genau in die Scheide von diesem Weibchen passen, während der Puller von dem anderen Leguan da drüben eben gar nicht reinpassen würde, damit auch immer die richtigen Leguane miteinander ...«

»Was gibt's denn zu essen heute?«

Manchmal habe ich den Eindruck, dass die Kinder doch gar nicht so sehr fasziniert sind von dem ganzen Thema.

Oder wie bei den Landschildkröten im Zoo neulich. Da sieht man das ja praktisch immer, weil die Männchen zur Paarungszeit dauergeil sind, und das ist sehr beeindruckend: Das Männchen reitet von hinten auf das Weibchen auf, schiebt dann irgendwie seine Kloake unter den Schwanz des Weibchens, versucht dabei, sich mit seinen Vorderbeinen auf dem Panzer der Partnerin aufzustützen, was zugegebenermaßen unfreiwillig komisch aussieht, und dann klöckelt es los.

Im Grunde wie bei Menschen, nur in Zeitlupe. Die Kinder gucken konsterniert: »Was machen die denn da?« »Na ja, die haben Sex. Die machen Kinder. Das da oben ist das Männchen, und das macht jetzt seinen Samen in das Weibchen, und dann wachsen die kleinen Schildkröten im Bauch der Mutter ...«

»Habt ihr das auch so gemacht?« Ich gucke noch mal zu den Schildkröten rüber. Sehr langsam lässt das plumpe Männchen seinen Bauchpanzer auf den Rückenpanzer des Weibchens schlagen, es gibt einen tockernden Knall, dabei reißt es das Maul auf und sieht unterm Strich völlig bescheuert aus. »Äh, ja. So ähnlich zumindest«, laviere ich ein wenig. Jetzt fängt das Männchen an zu stöhnen. Schildkrötenmännchen stöhnen, nun ja – sie stöhnen irritierend menschenähnlich. Ein bisschen überzogen, man könnte sie gut für eine Porno-Parodie einsetzen. Halt schon wie Sex-Gestöhne, nur zu überzogen dargestellt, zu theatralisch, zu laut und vor allem: zu langsam. Und dazu dieses albern aufgerissene Maul! Das langsame Panzertockern! Der insgesamt völlig lächerliche Anblick, wenn das plumpe Tier mühsam um sein Gleichgewicht ringt und unbeholfen versucht, sich auf dem Weibchen zu halten, das währenddessen vollkommen unbeteiligt ein paar

Schritte weiter nach vorne stapft, während das Männchen dabei mühsam auf seinen zwei Hinterbeinen versucht, Schritt zu halten, ohne abzurutschen, und gleichzeitig wie blöde weitertockert und stöhnt. Und jetzt fängt das Weibchen an, stoisch und am Geschehen vollständig desinteressiert ein bisschen Gras dabei zu fressen. Die Kinder gucken meine Frau und mich entsetzt an. Dann fragen sie: »Was gibt es denn zu essen hier?«

Wir können also guten Gewissens sagen, dass unsere Söhne alles ganz natürlich und frei von irgendwelchen später nur Traumata hervorrufenden Tabuisierungen kennen gelernt haben. Nur die Sache mit dem Schlüssel-Schloss-Prinzip an den Hemipenes der Echsen haben sie offenbar doch nicht vollständig verstanden. Jedenfalls dachte ich, da muss ich doch noch mal was nacherklären, als ich aus dem Spielzimmer neulich hörte, wie eine Schulkameradin Kiran fragte, ob er sie später heiraten wolle, und er ihr antwortete, dann müsse er aber erst vorher ausprobieren, ob sein Puller auch in ihre Scheide passe, wegen der Dornen. Daran würde man schließlich erkennen, ob Mann und Frau zueinander passen. Das Mädchen wollte dann sehr rasch nach Hause.

Also, im Groben jedenfalls wissen die Kinder schon mal ganz gut Bescheid. Aber nun zu »Hurensohn«, »Fick dich« und »Pervers«.

Hurensohn ist ja einfach. »Was Sex ist, weißt du ja inzwischen«, setze ich an, und Kiran guckt etwas unglücklich. Er nickt und sagt: »Aber kannst du es nicht lieber auch mit Bienen und Blumen erklären, wie die anderen Eltern, statt mit Schildkröten?« Ich aber lasse mich nicht beirren und fahre fort. »Und dann weißt du ja auch, dass dazu zwei gehören, also: ein Mann und eine Frau.« Ich überlege kurz. Ist das nicht viel zu heteronormativ? Soll er denken, Sex gibt es nur zwischen Männern und Frauen? Andererseits, »schwul« stand ja nicht auf dem Zettel. Warum eigentlich nicht? Das sagen die doch auch ständig auf dem Schulhof.

Na ja, muss man jetzt nicht weiter ausführen, aber ein bisschen relativieren kann ich es ja: »Äh, vielmehr, man braucht zwei Menschen für Sex. Und manchmal fehlt aber der zweite. Und dann gibt es eben Frauen, die heißen Huren, zu denen ein Mann dann gehen kann und die er dann bezahlt, damit er Sex mit ihr haben kann ...« Kiran guckt mich irritiert an: »Aber warum sollte er das tun? Damit die dann die Kinder für ihn bekommt?« »Äh, nein. Kinder kriegt die Hure nicht für ihn.« »Weil die Dornen am Puller nicht passen?« »Quatsch, das gibt's nur bei Echsen und Schlangen. Nein, der Mann geht zur Hure, weil er grad keine richtige Frau hat, aber trotzdem Sex haben will ...« »Aber warum?«, fragt Kiran. Ich bin etwas verwirrt. Sollten wir bei unseren bisherigen Erklärungen einen kleinen Nebenaspekt vergessen haben? »Na, weil Sex großen Spaß macht!« Jetzt guckt Kiran ernsthaft erschüttert. Offenbar hatten wir wirklich diesen kleinen Nebenaspekt vergessen. »Das macht Spaß?«, fragt er entsetzt. Wahrscheinlich denkt er an die Schildkröten und gruselt sich.

Aber gut, damit hätten wir ein wesentliches Element erfolgreich erklärt, der Rest ist einfach: Eigentlich soll Sex beiden Spaß machen, deswegen ist es irgendwie doof, wenn einer bezahlt und nur er Spaß dabei hat, die Frau aber nicht, aber die macht das halt, weil sie das Geld braucht, aber die anderen Leute finden das nicht richtig, weshalb Hure ein Beruf ist, den viele nicht gut finden, und wenn die Hure dann mal einen Sohn bekommt, dann ist das eben der Sohn von der Hure, also der Hurensohn, so wie der Sohn vom Arzt ja schließlich auch Arztsohn ist, und weil aber die meisten Leute Ärzte besser finden als Huren, ist Hurensohn eben ein Schimpfwort. Arztsohn zwar auch, denke ich, aber das ist ja schon wieder was anderes. Jedenfalls ist das voll gemein, erläutere ich weiter, weil der Sohn ja schließlich nichts für den Beruf der Eltern kann. Das versteht Kiran sofort und findet es vermutlich ungemein beruhigend, weil er ja schließlich auch nichts dafür kann, was sein Vater so macht. Womit der Hurensohn also abgehakt wäre.

Kommen wir zu »Fick dich«. Nach den Vorarbeiten sollte das kein großes Problem mehr darstellen. »›Ficken‹ ist einfach nur ein anderes Wort dafür, wenn zwei Menschen Sex haben. Aber viele Leute finden das ein böses Wort. So, wie du auch bei Oma nicht ›Scheiße‹ sagen sollst, weil Oma das ein böses Wort findet.« »Aber nur, wenn ich es sage. Sie selbst sagt es dauernd.« »Na ja, solche Wörter gibt es halt. So ist es eben auch mit ›ficken‹, auch wenn ›ficken‹ selbst gar nichts Unangenehmes ist, im Gegenteil. Aber weil es eben viele für ein böses Wort halten, wird es dann auch als Schimpfwort benutzt, weil dann der, der das sagt, sich total cool und stark vorkommt, weil er das böse Wort einfach so sagt.«

Das scheint Kiran leidlich einzuleuchten, einzig: »Aber wenn ›Ficken‹ ›Sex haben‹ ist, dann braucht man da doch zwei für. Wie soll sich denn dann einer selbst ficken?« Ich gucke ratlos. Das ist mir ehrlich gesagt auch nicht klar. Jetzt auch noch Selbstbefriedigung zu erklären, dazu habe ich keine Lust. Und außerdem glaube ich auch gar nicht, dass »fick dich« darauf anspielt, dafür gibt es schließlich den guten alten Wichser. Der kommt dann sicher in der nächsten Hausaufgabe, zu viel Stoff auf einmal ist ja auch nicht gut. Aber wieso denn nun überhaupt »fick dich?« Es ist mir auch ein Rätsel. Das wird sicher vom amerikanischen »fuck you« kommen, aber das ist unterm Strich ja auch nicht plausibler, weil es in Amerika ebenfalls zwei zum Ficken braucht. Was für ein Glück, dass zumindest das zu meiner Jugend noch sehr beliebte »Fick dich ins Hirn« offenbar nicht mehr geläufig ist.

»Ähm, ja, das geht ja gar nicht, sich selbst ficken. Deswegen! Man sagt halt, jemand soll was machen, was gar nicht geht. Ist doch voll gemein. Und das auch noch mit bösen Wörtern. Also, irgendwie so.« Kiran guckt mich zweifelnd an und hofft vermutlich, dass er das morgen in der Schule nicht erklären muss. Wie die anderen Eltern das wohl ihren Kindern beibringen? Aber offenbar will Kiran das jetzt alles so genau auch gar nicht wissen und fragt lieber: »Und was bedeutet ›Fick dich‹ dann in echt?« »Na ja, das ist so was wie: Rutsch mir den Buckel runter.« Kirans Augen werden groß: »Rutsch mir den Buckel runter?« »Na ja, so was halt!« »Was soll denn ›Rutsch mir den Buckel runter‹ schon wieder heißen? Das geht doch erst recht nicht, das ist doch völliger Quatsch! Was denn für ein Buckel, und wie soll man da runter rutschen und warum?« »Ach komm, fick dich«, beende ich diesen Teil jetzt diplomatisch. Ich fühle mich müde.

Aber es steht noch »pervers« an. Das ist einfach, denke ich. Da gibt es ja eine präzise medizinische Definition. Das ist also, wenn jemand ... tja, was eigentlich? Klar, von der Norm krankhaft abweichendes sexuelles Verlangen, irgendwie so. Aber das ist dann doch etwas zu abstrakt für Siebenjährige, scheint mir. Da müsste schon so was wie ein Beispiel her. Aber welches, ohne jetzt einerseits etwas abweichende Vorlieben gleich als krankhaft zu brandmarken und ihn so zur Intoleranz zu erziehen oder schlimmer noch, ihn später zu einem verkorksten Verhältnis zu seiner eigenen Sexualität zu treiben. Ich meine, wenn Leute eben auf Arztkittel stehen, was soll's? Andererseits: So richtige Perversionen, das mag ich ihm dann doch nicht zumuten. Alles muss er mit sieben ja nun auch noch nicht wissen, das will ich ihm dann doch ersparen.

Ich wähle schließlich als Kompromiss Schuhfetischisten. Das scheint mir einerseits hinreichend harmlos und andererseits so abseitig, dass es abstrakt genug ist. »Das ist zum Beispiel, wenn jemand eher auf Schuhe steht.« Kiran wirkt nicht überzeugt. »Aber jeder steht doch auf Schuhen.« »Nein, also, *auf etwas stehen* heißt, also, etwas total gut finden.« »Aber Tante Ingrid findet Schuhe doch auch total gut, die hat 'nen ganzen Schrank voll. Ist die dann auch pervers?« Allerdings!, denke ich ehrlich überzeugt, glaube dann aber doch, dass es besser ist, diese Wahrheit für mich zu behalten. »Nein, nicht einfach so ›gut finden‹. Eher so im Bereich Sex.« »Sex?« Kiran wirkt verwirrt. »Na ja, wenn jemand nicht Sex mit einem anderen Menschen haben will, sondern mit seinen Schuhen«, erkläre ich also und bin ganz zufrieden. Das kann er meinetwegen morgen ruhig in der Schule erzählen: Pervers ist, wenn jemand Sex mit seinen Schuhen hat. Ich finde, das reicht für die erste Klasse.

Die Schuhfetischisten mögen es mir bitte verzeihen.

Neues von der Wand des Schreckens
Alles auf Anfang

Ich rekapituliere kurz: Anfang August hatten wir bei der Rückkehr nach einer Reise entdeckt, dass es einen Wasserschaden in unserer Küche gegeben hatte, genau genommen: hinter unserer Küche, denn das Wasser drang durch das Mauerwerk einer Seitenwand und hatte diese großflächig mit Stockflecken versehen. In den folgenden Monaten schrieb ich Briefe, schickte Faxe, schrieb noch mehr Briefe, besprach Anrufbeantworter, schrieb weitere Briefe und telefonierte mit Mitarbeitern unserer Hausverwaltung Z.B.-Immobilien, die sofortige Abhilfe versprachen.

Die Wand wurde derweil immer nasser und beherbergte inzwischen eine beachtliche Vielzahl unterschiedlicher Lebensformen, die weniger schöngeistige Menschen als ich profan mit »Schimmel« bezeichnet hätten. Das aber wäre den mannigfaltigen Wuchsformen nicht gerecht geworden, ebenso wenig den verschiedenen Strukturen und kristallinen Gebilden, die sich überall gebildet hatten, inzwischen auch im Treppenhaus, auf der anderen Seite der Wand. Schon fast vier Monate nach meiner ersten Meldung des Vorgangs hatte Z.B.-Immobilien sich zu Gegenmaßnahmen entschlossen.

Mitarbeiter einer Trocknungsfirma tauchten auf. Sie installierten gigantische Heizplatten in unserer Küche, setzten Bohrungen in die Wand, aus denen sie mit riesigen staubsaugerartigen Apparaturen und unter gewaltigem Getöse über Schläuche die feuchte Luft nach draußen saugten, demontierten unsere Spülmaschine und Schränke, schlugen Fliesen und Putz von den Wänden und verschwanden wieder.

Erst fanden wir es ja ein bisschen lästig, dauerhaft mit einer Geräuschkulisse wie auf einem Flughafen zu leben und wie auf einer Großbaustelle zu frühstücken, aber hey – den Fernseher abends kann man ja auch lauter stellen. Und große Güte, auf die paar Tage würde es schon nicht ankommen. Auf die paar Wochen wäre es auch nicht angekommen, dachten wir später. Ohropax ist auch gar nicht mal so teuer, wenn man eine Familienpackung kauft.

Mitte Dezember tauchten die Profi-Trockner dann plötzlich wieder auf und erklärten unsere Seite der Wand für getrocknet, um die Platten nun im Treppenhaus zu installieren, auf dass auch der Rest des Hauses fortan in den Genuss dieser einzigartigen Geräuschkulisse käme. Dort dröhnten sie die nächsten Wochen vor sich hin. Geschätzte 8.000 Watt im 24-Stunden-Betrieb. Gerade während der ersten wirklich kalten Tage wussten wir es durchaus zu schätzen, dass das Treppenhaus im Winter immer schön gemütlich warm war. Das musste sie sein, die Energiewende im Wedding.

Irgendwann Ende Januar war dann aber Schluss mit dem Spektakel, die Platten verschwanden, die Handwerker ebenfalls, und wir lebten mit unserer nun zwar trockenen, aber nun doch eher an eine Ruine gemahnenden Wand weiter.

Im Februar bemerkte ich, dass sich die Schimmelkolonien vom ersten Schreck offenbar erholt hatten. Ganz zart sprossen sie allmählich wieder. Das unerwartete Wiedersehen versetze mich in freudige Erregung. So lange hatten wir nichts mehr voneinander gehört, was war nicht alles geschehen in dieser Zeit! Ich sah mich in der Küche um – leider nicht allzu viel, wenn man ehrlich war.

Als eines Tages eine Z.B.-Mitarbeiterin bei uns im Innenhof herumlief, schnappte ich sie mir und zerrte sie in unsere Wohnung. »Was haben Sie denn?«, fragte sie. Ich deutete anklagend auf die neuen Schimmelkolonien. Sie beugte sich darüber, betrachtete sie eingehend und murmelte: »Die sehen aber ganz schön mitgenommen aus.« Es klang fast mitleidig.

Dann erklärte sie mir, dass der »Schadenregulierer«, eine offenbar mystische Person, um die sich bei der Z.B.-Hausverwaltung schon seit langem allerlei Sagen und Legenden rankten, also die Versicherung der Bruchbude hier, sich leider noch nicht zu einer Schadensübernahmeerklärung bereitgefunden hätte. Sie unternähme aber alles, um die Vorgänge zu beschleunigen. Ob ich zum Beispiel einen Putzlappen hätte? Etwas überrascht nickte ich, gab ihr einen und sah verblüfft, wie sie darauf spuckte, dabei murmelte: »Wasser haben Sie hier ja nicht« und dabei vorwurfsvoll auf die seit Monaten abgeklemmte Spüle deutete, um schließlich energisch mit dem Tuch über die Schimmelstellen im Mauerwerk zu rubbeln. Anschließend sah sie mich zufrieden an: »So! Sehen Sie, ist doch gar kein Problem.«

Offenbar musste ich einen sehr deprimierten Eindruck hinterlassen haben, denn drei Wochen später klingelte es, und sie stand unangemeldet bei mir vor der Tür. Leider habe sie immer noch keine Meldung vom Schadenregulierer, führte sie bedauernd aus, aber Z.B.-Immobilien habe beschlossen, mich mit meinem Problem nicht allein zu lassen. Dann präsentierte sie mir stolz eine kleine Plastikflasche mit Sprühpistole. »Hier, Anti-Schimmel-

Spray! Da schießen sie einfach auf jede Kolonie, die sich blicken lässt, und Sie haben Ihre Küche bald wieder ganz für sich allein!« Gerührt nahm ich die Flasche entgegen. Ein gutes Gefühl, wenn die Hausverwaltung sich wirklich um einen kümmert.

Und dann, eines schönen April-Tages, war es so weit. Es klingelte. Vor der Tür standen drei stämmige Männer mit einer Leiter und Werkzeugkisten und Farbeimern. Ich traute meinen Augen kaum. »Guten Tag«, sagte der Wortführer der drei, offenbar der Chef, »wir sind von der Firma Buschanski und sollen ihre Küche instandsetzen.« Ich war so perplex, dass ich nicht mal daran dachte zu fragen, ob sie es üblich fänden, völlig unangemeldet vor der Tür zu stehen. Dafür dachte aber der Chef daran: »Die Hausverwaltung hat Ihnen ja hoffentlich angekündigt, dass wir kommen, nicht wahr?« Ich nickte benommen.

»Ja, hatte sie. Vor einem Vierteljahr ungefähr.« Herr Buschanski schaute betroffen. Dann sah er sich in der Küche um und sagte: »Wir können aber nur die geschädigte Wand neu machen. Wird ein bisschen seltsam aussehen, wenn die dann weiß ist und die anderen nicht, müsste man eigentlich alles streichen hier. Aber das will die Hausverwaltung nicht übernehmen. Ist ja nur Wedding hier. Sie zahlen ja ohnehin so wenig Miete, hat die Hausverwaltung gesagt, da säße das nicht drin.« Zumal, dachte ich, sie mir ja schon die Anti-Schimmel-Sprühflasche spendiert haben. Man will ja auch nicht gleich gierig sein. Ich zuckte mit den Schultern. Egal wie: Es wurde wirklich wahr. Sie kümmerten sich um die Wand! Das ich das noch erleben durfte!

»Wollen Sie Kaffee?«, fragte ich. Herr Buschanski nickte. »Ich muss gleich wieder los. Aber Igor, der nimmt gerne Kaffee, mit viel Zucker und ein klein wenig

Milch.« »Ja, kann er mir dann ja sagen«, sagte ich, aber Herr Buschanski sagte: »Nein, kann er nicht. Der kann nur Russisch.« Dann verabschiedete er sich wieder. Igor und sein namenloser Freund blieben da. Ich schluckte. Und das in Zeiten der Ukraine-Krise. Jetzt stehen die Russen schon in Berlin. Und haben meine Küche annektiert. Die Krim vom Wedding.

Aber Igor und sein Kollege werkelten anstandslos die folgenden Tage vor sich hin, verputzten und verkachelten alles fein, klebten die Fliesen an die Wände und schlossen die Leitungen wieder an. Als er mich am Ende dann doch mit einem deutschen Wort überraschte, nämlich »streichen?« und dabei auf die anderen Wände der Küche zeigte, nickte ich nur, sagte: »Meinetwegen natürlich gerne«, und ruckzuck, war die gesamte Küche fein säuberlich gestrichen. Na also. Zur Abnahme trat ich an die Spüle, drehte den Wasserhahn auf, und blickte staunend auf den plätschernden Strahl – Wasser! In meiner Küche! Zehn Monate nach Schadenseintritt war alles wieder geregelt! Ich konnte es kaum glauben.

Noch mehr staunte ich allerdings, als ich sechs Wochen später ein Schreiben der Hausverwaltung im Briefkasten fand. Die Schäden der jüngeren Vergangenheit hätten gezeigt, schrieb sie, dass die alten Rohre, die zudem noch aus Blei seien, nicht mehr zuverlässig arbeiteten und erneuert werden müssten. Daher habe man ein Unternehmen beauftragt, das am kommenden Mittwoch die Leitungen austauschen werde. Ich war fassungslos. Was war denn da los?

Und tatsächlich: Am Mittwoch standen Handwerker vor der Tür. Sie gingen in die Küche, klemmten das Wasser ab und schlugen zu meinem Entsetzen die gesamte frisch renovierte Wand wieder auf. Dann fluchten sie, weil irgendwelche Anschlüsse ganz anders seien, als die

Hausverwaltung gesagt habe, da hätten sie jetzt das nötige Material nicht dabei. Dann verschwanden sie.

Das ist jetzt zwei Wochen her. Z.B.-Immobilien sagt, sobald der Schadenregulierer die Zusage für die neuen Anschlüsse gegeben habe, ginge es weiter. Ganz bestimmt. Die Frau von der Hausverwaltung fragte: »Soll ich Ihnen einen Kanister Wasser vorbeibeibringen? Z.B-Immobilien lässt sie nicht im Stich!« Und das immerhin ist ein wirklich tröstliches Gefühl.

Im Krieg

Die Sache mit dem Lavahund bei »Clash of Clans« gestaltet sich schwieriger als angenommen. Unser Dorf prosperiert, aber man kann nicht gerade sagen, dass es in rasendem Tempo vorangeht. Eigentlich kann man erstaunlich wenig dazu beitragen. Wenn man das Spiel aufruft, klickt man die Goldminen und Elixiersammler an, kassiert die Rohstoffe und schaut aufs Konto, ob man genug hat, um irgendein Gebäude eine Stufe aufzuwerten. Unser Rathaus etwa ist auf Level 6. Um es auf Level 7 zu bekommen, benötigt man 750.000 Goldstücke. Das kann dauern. Denn mehr als fünf Goldminen kann man auf unserer Stufe nicht bauen. Und dann wird man eben noch dauernd von irgendwelchen anderen Stämmen überfallen, die einem die mühsam ersparten Rohstoffe wieder abjagen.

Umgekehrt allerdings überfallen wir auch jeden, der nicht bei drei auf den Bäumen ist. Zu diesem Zweck bilden wir fortwährend Magier, Kobolde, Bogenschützen und vor allem Riesen aus. Wenn man dann auf den Button »Angriff« drückt, wird uns einer der paar Millionen anderen »Clash of Clans«-Spieler zum Überfall vorgeschlagen. Dann gilt es abzuwägen: Kann man den schaffen? Wie gut gesichert sind seine Mauern? Wenn man es wagt, setzt man seine Truppen nach und nach auf das Feld und schaut die nächsten zwei Minuten zu, wie sie sich schlagen, in Fallen plumpsen oder von Bomben in die Luft gesprengt werden. Das ist ganz lustig.

Dass am anderen Ende auch Spieler sitzen, macht die Sache erst richtig aufregend. »Da kämpft man gegen richtige Menschen!«, hatte Kiran anfangs begeistert berichtet, als er in der Schule von dem Spiel erfahren hatte. Offenbar ist inzwischen seine ganze Klasse in Clans organisiert, und alle kämpfen wüst gegeneinander. Ich war skeptisch. Ist das denn pädagogisch wertvoll, andere zu überfallen und sich daran zu erfreuen, dass da jemand sitzt, dessen mühsam aufgebaute Bildschirmlandschaft man plündert und brandschatzt? »Mehmet hat sogar schon Level-7-Kanonen!«, erzählte Kiran. Mehmet? Die kleine Kröte, die immer so altklug daherschwätzt und mich wie einen lästigen alten Opa behandelt? »Gut, wir bauen auch so ein Dorf«, stimmte ich also zu. Und dann braten wir Mehmet endlich mal ordentlich eins über, dachte ich im Stillen. Na warte, Bürschchen.

Allerdings sind Level-7-Kanonen wirklich schwer zu knacken. Die Schmach, ein ums andere Mal von Mehmet besiegt zu werden, zehrte an meinen Nerven. Ich verbot den Kindern strikt, Mehmet zu verraten, dass ich Teil des Stamms bin, der ihn da dauernd angreift.

Damit die Sache vorankommt, muss man sich einem Clan anschließen. Das Problem ist nur: Die anderen Stämme in den Clans sind auch alles echte Spieler. Und es gibt eine Chat-Funktion. Die Clan-Mitglieder können sich also jederzeit kleine Nachrichten schreiben. Erst einmal muss man um Aufnahme bitten. Die Kinder wollten zunächst unbedingt in den Clan »Die Weltherrscher«, den Kumpels aus ihrem Hort errichtet hatten. Wohl, weil das für sie am zielorientiertesten klang. Ein kurzer Blick auf die anderen Clan-Mitglieder ließ mich innerlich kichern. Na, da würden sie immerhin lernen, nicht immer jedes Marketing-Geschrei leichtfertig zu glauben. Dieser Clan jedenfalls war von der Weltherrschaft so weit entfernt wie die Berliner CDU von der absoluten Mehrheit in der Stadt.

Trotzdem ärgerte es mich, als der Clan-Chef uns nach zwei Tagen rausschmiss. Zumal sein Argument dafür, dass er uns via Chat-Nachricht mitteilte, wörtlich lautete: »Ich bin der Anführer, und ich schmeiß euch jetzt raus, weil ich der Anführer bin.« Die Kinder brachen in Tränen aus. Vorbei war es mit dem Traum von der Weltherrschaft. Ich schwor, mir den Clan zu merken und ihn beizeiten, wenn wir erst mal Lavahunde haben würden, in Schutt und Asche zu legen. Aber vorher empfahl ich den Kindern, doch mal an der Schule herumzufragen, in welchen Clans ihre anderen Freunde sind. Dann könnten wir doch da irgendwo Unterschlupf finden.

Am nächsten Tag kam Kiran freudestrahlend nach Hause: Sein Klassenkamerad Mohamed hat versprochen, uns aufzunehmen. Und er würde uns auch gleich ein paar Level-3-Mauerbrecher schicken. Na also. Nun mussten wir den Clan nur noch aufspüren in den Weiten des Netzes. »Ich hoffe, du hast dir genau aufgeschrieben, wie die heißen, sonst finden wir die nie unter den tausenden Namen.« »Kein Problem«, strahlte Kiran, »los tipp ein: zuerst Freh«. »Wie Freh? Groß oder klein? V oder f? e oder Doppel-e oder was?« »Alles klein. Mit f und zwei e.« Also: »f - r - e - e?« »Ja, genau.« »Aha. Und dann?« »Pa-les-ti-ne. Also großes P, dann ...« »Danke, hab's schon verstanden.« Ach du Scheiße. Da darf man in unserem Clan dann vermutlich nur Dörfer mit hebräischen Namen überfallen. Dieses Internet, es ist ja schon manchmal auch etwas unheimlich. Allein all diese Stämme mit irgendwelchen arabischen Buchstaben, die uns dauernd attackieren. Manchmal fragt man sich ja schon, wer da eigentlich auf der anderen Seite sitzt. Und ob wir nicht gerade tatsächlich im Kampf gegen waschechte IS-Terroristen stehen, die sich vor dem kommenden Bombenanschlag oder dem nächsten anstehenden Jesiden-Massaker noch ein bisschen die Zeit vertreiben.

Der »Free Palestine«-Clan erwies sich dann aber doch als unproblematisch. Denn er ließ uns gar nicht erst rein. Kleinlaut musste Mohamed seine Einladung revidieren. Sein Bruder, der Anführer des Clans, habe gesagt, sie nähmen nur Araber auf. Ich war erleichtert, die Kinder waren am Boden zerstört. »Er wollte uns doch Mauerbrecher schicken!«, jammerte Kiran, und: »Keiner will uns.«

Aber schon am nächsten Tag hatte er einen neuen Clan in seiner Klasse ausgemacht. Ich kannte den Anführer nicht, aber er würde uns zum Vize machen, wenn wir zu ihm kämen, hieß es. Und schon waren wir Mitglied bei den »Coole Killers«, und unser Anführer »Megakrass Braindead« schickte uns tatsächlich prompt einige Level-3-Magier. Na also, alles würde gut werden.

Bis am nächsten Tag das Chatfenster aufging und Megakrass Braindead verkündete: »He, ich brauch Färstärkunk! Schikt ma Bogis!« Färstärkunk schiken? Ich erschauderte. Und was sollen denn Bogis sein? »Schick ihm Bogenschützen!«, rief Kiran aufgeregt, aber ich schickte ihm erst mal ein paar mahnende Hinweise in Sachen Orthographie. Kinder sollen ja schließlich auch was lernen beim Spielen. Ich tippte also rasch ins Chatfenster: »Hey, Megakrass Braindead! Verstärkung schreibt man V und ä und g. Verstärkung! Tipp das 10 x ins Chatfenster, dann schicken wir dir Bogenschützen.« Kiran heulte auf vor Scham.

Am nächsten Morgen, als ich Kiran zur Schule brachte, baute sich ein winziger asiatischstämmiger Erstklässler vor mir auf. Er war vielleicht einen Meter zehn groß und sehr zierlich. Erstaunt blickte ich nach unten, wo er vor meinem Schienbein herumhopste. Er piepste: »Ich bin Megakrass Braindead. Ich bin dein Anführer! Ich bestimme, wie bei uns im Clan geschrieben wird.« Ich zweifelte, ob sich dieses Spiel wirklich positiv auf die Sozialkompetenz auswirkt. Als wir nachmittags in unseren Clan schauten, ploppte ein Fenster auf: »Megakrass Braindead hat dich degradiert.« Degradiert! Ein sechsjähriger Zwerg hat mich degradiert! Ich schnappte nach Luft.

Na gut. Zähneknirschend erlaubte ich Kiran, doch noch in Mehmets Clan einzutreten. Es lief dann alles ganz gut. Mehmet versorgte uns mit reichlich Riesen, Magiern und Kobolden. Schließlich machte er uns zum Vize-Anführer.

Eines Morgens vor der Schule sprach Mehmet mich plötzlich an: »Ey, du da.« Ich schaute mich verwirrt um. »Ja, du da, der Dicke!« »Also hör mal!« »Ey, schon gut, ich meine, ist voll korrekt, dass Sie Clash of Clans mitspielen. Echt jetzt. Aber ehrlich: Könnten Sie mir nicht bitte gleich ein paar Riesen schicken? Ich hab heute Morgen Megakrass Braindead den Krieg erklärt.«

Ach, diese Kinder! Ist es nicht niedlich, wie sie so ausgelassen spielen? Ich versicherte Mehmet meine volle Unterstützung und legte noch einen Magier oben drauf. So, mein lieber Megakrass Braindead. Man sieht sich eben immer zwei Mal im Leben.

Karl

Es gibt ein Detail, das mein Vertrauen in den Döner meines Vertrauens ein wenig erschüttert. Eigentlich ist im »Da Da Döner Wedding« alles, wie es sein soll: Die Döner-Verkäufer säbeln mit entschlossenem Gesichtsausdruck Fleischschnipsel vom Spieß, fragen verlässlich »Döner mit alles?« und kommunizieren untereinander in Sätzen, die eine angemessene Menge an Üs, Ös und Ys enthalten. Nur tief in der Nacht, wenn lediglich noch traurige Fleischschnipsel-Reste auf dem Blech unter dem Spieß im allmählich aushärtenden Fett liegen, denen, wenn jemand leichtsinnig oder betrunken genug ist, jetzt noch etwas zu bestellen, also ich zum Beispiel, ein paar welke Kartoffelschnipsel als zusätzliches Füllmaterial untergemischt werden, dann steht dort Karl.

Karl sieht aus wie jemand, der in Freital oder Bautzen auf keinen Fall Ärger mit den Einheimischen bekommen würde. Karl sieht genau genommen so aus wie jemand, mit denen die sonst dort arbeitenden Männer vom »Da Da Döner Wedding« gehörig Ärger bekommen könnten, wenn sie denn so dumm wären, sich nach Bautzen oder Freital zu begeben.

Mit selbst für Berliner Verhältnisse noch auffällig übellaunigem Gesichtsausdruck steht er hinter dem Tresen und fertigt die allerletzten Gäste in der Grill-Station ab, also Leute wie mich zum Beispiel, die betrunken genug sind, dass sie erst zu spät bemerken, wer sie da zu bedienen droht, und die sich dann gehörig über die unerwartet aussehende Service-Kraft erschrecken, aber natürlich zu verschüchtert sind, um dann noch schnell wegzulaufen und also bestellen, was sie bestellen wollten.

Karl nimmt die Order mit reglosem Gesicht und ohne ein Wort entgegen, widerwillig verfüllt er die noch verbliebenen Lebensmittelabfälle in eine wabbelige Brottasche, und statt des vertraut-rhythmischen »Knoblauchkräuterscharf« deutet er an der entscheidenden Stelle des Zubereitungsprozesses nur unwirsch auf die drei Soßenschalen und erwartet eine Ansage. Wenn man nicht sofort kapiert und ihn deswegen kurz irritiert anschaut und vielleicht noch so etwas sagt wie »Hä?«, dann blafft er einen kurz und unmissverständlich an, mit auf die Soßen gerichtetem Zeigefinger: »Na, welche!?« Erschrocken stammelt man: »Ach so, natürlich, Knoblauch«, und er knurrt: »Na also« und klatscht mit eindrucksvoller Verachtung die Knoblauchsoße in das Brot, wie Leute in Bautzen oder Freital Leute klatschen, die nicht ganz so scheiße aussehen wie sie selbst.

Im Döner meines Vertrauens steht also nachts manchmal jemand, der aussieht, wie ein Nazi, während die Kopftuchfrauen im Hintergrund schon mit Wischmops durch das Ladenlokal wirbeln und über die Tische feudeln. Nach ein paar Begegnungen dieser Art habe ich gelernt, vorher durchs Fenster zu schauen, wer gerade Dienst hat, und so betrunken kann ich gar nicht sein, dass ich noch reingehen würde, wenn Karl da steht.

Woher ich weiß, dass er Karl heißt? Ganz einfach: Als ich unlängst am Da Da Döner vorbeikam und erleichtert zur Kenntnis nahm, dass der vertraute Stamm-Dönermann Dienst schob, ging ich dankbar hinein und fasste mir, während er nach meiner Bestellung alle erforderlichen Arbeiten unternahm, ein Herz und fragte: »Sag mal, was ist das eigentlich für einer, der hier nachts manchmal herumsteht und ein bisschen so aussieht wie ein Nazi?« »Ach, das ist Karl«, sagte der Dönermann, »der ist auch Nazi.« »Der ist Nazi? Und dann arbeitet der bei euch?« »Ja, ist nicht mehr so krasser Nazi, ist jetzt nur noch bisschen Nazi. War früher mal richtig Nazi, aber dann war Knast, und jetzt ist er nur noch bisschen Nazi.« »Er war im Knast?« »Ja, von da kenn ich ihn ja.« »Du warst im Knast?« »Andere Geschichte. Aber da hab ich Karl kennen gelernt. Ist ganz OK, ist halt gegen zu viele Ausländer. Hab ich ihm gesagt: Ich bin auch gegen zu viele Ausländer. Ist nicht gut, wenn hier sind zu viele Ausländer. Hat er gesagt: Ja, ist nicht gut, wenn hier zu viele Ausländer sind, aber die Deutschen, die wollen ja nicht mehr richtig arbeiten, da ist es ja kein Wunder, wenn dann die ganzen Ausländer kommen. Hab ich ihm gesagt: genau. Willstu nicht in mein Döner arbeiten? Hat er gesagt: OK. – Knoblauchkräuterscharf?« »Knoblauch.« Versonnen schaute ich ihm zu, wie er die Soße fast zärtlich in die Brottasche strich. »Ist schon in Ordnung, der Karl«, setzte der Dönermann nach, »ist wirklich nur ganz kleines bisschen noch Nazi. – Mit Käse?« »Ja, mit Käse bitte. Aber gibt es denn da nie Ärger? Ich meine, ihr seid doch Muslime, oder? Also, eure Frauen hier tragen doch immerhin Kopftuch.« »Na ja. Manchmal schimpft er. Sagt, das ist kein Job für Frauen, nachts allein Dönerladen putzen. Gerade hier im Wedding, wo so viele Verrückte rumlaufen. Hab ich ihm gesagt: kein Problem, die passen schon auf sich auf. Hat er gesagt, er bleibt trotzdem, bis sie fertig sind, hat er gesagt, er lässt die hier nicht allein, ist zu gefährlich, nachts im Wedding. Zum Mitnehmen?« »Ja, bitte. Gute Nacht.« »Ja, gute Nacht. Pass auf dich auf, Mann.« Das tat ich, wie immer.

Sie hat mir was in die Haare gemacht

Bei uns um die Ecke hat ein Libanese einen Friseursalon aufgemacht. Das wäre ja eigentlich recht praktisch, denn ich müsste dringend mal wieder meine Haare schneiden lassen, aber ich traue mich einfach nicht hinein. »Cut & go« droht die Tafel vor der Tür, und seit der IS seine Propagandavideos überall verbreitet, finde ich dieses Dienstleistungsangebot von arabischer Seite nicht vertrauenserweckend.

Nein, Quatsch, unser Libanese ist ganz nett. Aber tatsächlich ist es ein merkwürdiges Phänomen sozialer Segregation mit diesen Frisierstuben. Obwohl der Laden offenbar ganz gut läuft, habe ich noch nie, wirklich noch nie einen, äh – na ja. Seit der Wahl von Trump sollen wir ja nicht mehr so viel über Political Correctness nachdenken, weil die Leute sofort entnervt gleich noch mal Trump oder die AfD oder sonst was Furchtbares wählen, wenn man versucht, mit seinen Äußerungen niemanden zu beleidigen. Also, sagen wir es, wie es ist: Noch niemals sah ich den weißen Mann in dieses Etablissement hineingehen.

Selbst ein CSU-Konvent ist multikultureller. Und das, obwohl der Preis des Barbiers unschlagbar günstig ist. Neun Euro neunzig kostet einfaches Haareschneiden für Herren. Aber es gehen nur türkische oder arabische Männer hinein. Dabei ist unser Libanese gar nicht des islamischen Fundamentalismus verdächtig. Er betreibt nämlich auch noch einen Spätkauf drei Häuser weiter und lebt also im Wesentlichen davon, Alkohol unters Volk zu bringen. Aber obwohl dessen Auswirkungen mit hunderttausenden Toten jährlich eindrucksvoll verheerend sind, weigern sich die IS-Luschen hartnäckig, Bierverkauf als Terrorstrategie anzuerkennen, und hampeln stattdessen weiter mit ihren Sprengstoffgürteln herum.

In diesem Sinne sollte ich mir eigentlich mehr Gedanken machen über den Friseursalon »Tatjana«, den ich stattdessen aufsuche. Tatjana ist auch migrationshintergründisch, allerdings eher aus Osteuropa. Sie setzt schon kurz nach dem Betreten zur Attacke auf mich an: »Setzen Sie sich doch. Einmal Haare schneiden, ja? Dazu vielleicht ein Bierchen?« Ein Bierchen? Auf diese Frage bin ich nicht vorbereitet, vormittags um 11 Uhr beim Friseur. Aber Tatjana weiß, was das Weddinger Publikum schätzt, wie der Blick durch den Salon verrät. Außer mir sitzen noch zwei etwas ältere Damen auf den Frisierstühlen, beide so Mitte sechzig, beide mit einem Handtuch-Turban um den Kopf – und beide mit einem Piccolo vor sich.

»Das erste Mal hier?«, fragt Tatjana, und ich nicke. Meine Beziehungen zum Friseurbusiness sind eher sporadischer Natur. Meistens lasse ich meine Haare einfach ein halbes oder auch mal ein ganzes Jahr lang vor sich hinwachsen. Solange, bis es mich nervt, dass sie mir vorne in die Augen baumeln. Dann gehe ich irgendwo rein und lasse sie wieder abschneiden. Präzise Vorstellungen von einer Frisur habe ich nicht, und wenn die Friseurinnen mir diese Auswahlkataloge vor die Nase halten, erschrecke ich immer, weil all die darin abgebildeten Männer so schrecklich unsympathisch aussehen, dass ich mir beim besten Willen nicht vorstellen kann, wie einer dieser gegelten und gestylten Lackaffen aussehen zu wollen. Außerdem finde ich ja, dass ich, wenn ich in einen Fachbetrieb gehe, auch erwarten kann, dass die dortigen Handwerksexperten bitte schön selbst wissen, was denn nun die richtige Lösung ist. Ich meine: Wenn ich einen Elektriker oder Klempner rufe, will ich ja auch, dass der einfach macht, dass die Lampe brennt oder der Wasserhahn funktioniert. Da will ich ihm doch nicht erklären müssen, was für Kabel oder Rohre er wie zu verlegen hat. Nur beim Friseur, da muss man alles selbst entscheiden. Dabei ist die Zielsetzung doch klar: Ich will einfach einen Haarschnitt, der mich so wahnsinnig charmant, attraktiv und sexy aussehen lässt, wie ich nun einmal bin. Das ist doch nicht zu viel verlangt!

»Wie soll es denn werden?«, fragt Tatjana mich nun erwartungsvoll, und ich seufze unhörbar. »Kürzer«, antworte ich. »Oha!«, sagt Tatjana, »da hat jemand ja ganz präzise Vorstellungen.« »Na ja«, sage ich, »ich kenn mich da halt nicht so gut aus.« »Na, wenn das so ist: Dann lassen Sie mich doch einfach machen! Ich mach Ihnen das schon schön!« Ich bin verblüfft. Ein Traum wird wahr! Ich bin so erfreut, dass ich jetzt doch noch ein Bier bestelle. »Ja, machen Sie mal ganz wie Sie meinen«, gebe ich Tatjana grünes Licht. »Dann mach ihn mal richtig scharf, Janchen!«, ruft eine der beiden Frauen und hält prostend ihren Piccolo in meine Richtung, die andere sekundiert unter ihrem Handtuchberg hervor: »Ja, mach ihn mal ordentlich sexy!« Jetzt bekomme ich ein bisschen Angst.

»Dann mal los«, ruft Tatjana entschlossen und drückt meinen Kopf vorwarnungslos nach hinten. Schon höre ich es rauschen. Ich stammele kurz überrascht: »Mit Waschen hatte ich doch gar nicht gesagt.« Aber Tatjana ist jetzt in Fahrt: »Na was denn? Du hast gesagt, ich soll machen, wie ich will, und dann mach ich eben, wie ich will. Und ich will mit Waschen.« Ich registriere verwundert, dass sie plötzlich zum »du« übergegangen ist. »Richtig, Tatjana«, ruft Frau eins, »bei die Männer musste dir einfach nehmen, wasde willst, sonst kommste da nie auf deine Kosten.« Dame zwei kichert und schüttet sich etwas vom Piccolo nach.

Mir gefällt die ganze Richtung nicht, in die sich der Vormittag entwickelt. Die latente Sexualisierung des Friseurgeschäfts hat mich ohnehin immer schon verunsichert. Tatjana, die bei näherer Betrachtung mit demselben Namen, Outfit und vor allem Parfüm auch in der Torf-Sauna hätte arbeiten können, knetet mir nun sehr intensiv auf dem Kopf herum und berührt mich dabei immer wieder ganz selbstverständlich mit ihren Brüsten. »Ist es gut so?«, fragt sie. Ich nicke nur kurz, Frau eins quakt: »Na klar isses gut, dit Janchen weiß doch, was die Männer mögen!« Ich hätte vielleicht besser Schnaps bestellen sollen. Ich fühle mich unwohl in meiner Kopfhaut. »Nun entspann dich doch mal 'n bisschen, Junge«, sagt Tatjana, »ich tu dir schon nix«. »Bist halt ne starke Frau«, blökt Dame zwei, »da kommse nich klar mit, die Typen, dis war bei meinem Ollen nich anders.« Ich ahne, dass ich möglichst gar nichts mehr sagen sollte, wenn ich hier heil wieder rauskommen will. Ich schließe die Augen und spüre den Fingern auf meiner Kopfhaut nach.

Zum Glück kommt jetzt eine Kollegin von Tatjana und widmet sich den beiden Frauen. Zunächst mal, indem sie ihnen noch einen Piccolo bringt. Na, das kann ja heiter werden.

»Ich schneid dann mal los, wa?«, sagt Tatjana, und ich nicke ergeben. Das frühe Bier macht mich angenehm dösig, ich lasse mich in Trance schnippeln. Die beiden

Frauen schnabbeln derweil unentwegt mit Tatjana und ihrer Kollegin, sie scheinen mich gottlob vergessen zu haben, es geht um Frisuren und Spülungen und bald um Blusen, Schuhe, steigende Preise, die Ollen, und dann bin ich geistig endgültig weg. Fast finde ich die Situation nun doch behaglich, da schrecke ich plötzlich hoch, als Dame eins nämlich Tatjanas Kollegin fragt: »Mädchen, machste eigentlich immer noch dein Orgasmus-Traning?« Oh Gott, hoffentlich merken sie nicht, dass ich noch da bin. Ich versuche, mich so gut es geht im Friseursessel klein zu machen und tot zu stellen. »Das ist doch kein Orgasmus-Training, Frau Hoppe«, sagt die Friseurin, »das ist eine Tantra-Gruppe, da geht es um ganzheitliche Energien, die durch den Körper fließen.« »Auch schön«, sagt Frau eins, »aber durch die Mumu sollen die schon auch fließen, oder nicht? Nimm dis mal ja mit, das sach ich dir! Die meisten Typen ham dit einfach nicht druff, da kannste denen die Hand noch so oft dahin legen, wo's guttut, glaub ma mal!«

Vielleicht hätte ich doch besser zum libanesischen Barbier gehen sollen, aber ehe mir der Kopf platzen kann, sagt Tatjana plötzlich: »So, Schatzi, willste mal gucken?«, und hält mir einen Spiegel vor. Ich nicke eilig und hoffe, jetzt umstandslos flüchten zu können, aber Tatjana hält mich noch mal im Sessel zurück. »Nich so eilig, mein Süßer, erst mach ich dir noch was in die Haare.« »Oh nein«, antworte ich bestimmt, »nichts in die Haare machen! Ich mag's lieber natürlich. Ich mag dieses Stylingzeugs nicht.« Aber Tatjana lässt sich so leicht nicht einschüchtern: »Nu hab dich doch nicht so. Tut gar nicht weh. Ich mach dir jetzt mal 'n bisschen was in die Haare, und dann guckste zu Hause, wie's dir gefällt. Dann kannstes ja immer noch wieder rauswaschen, wa?« Immerhin ist damit das Tantra-Thema vom Tisch, wie ich dankbar registriere, denn Dame eins bestärkt Tatjana nun entschlossen: »Jüngelchen, nu lass doch die Tatjana mal machen, die hat's voll druff. Da wird deine Olle Augen machen, glaubma mal. Mal 'n bisschen was Fesches, so was mag die ooch, ganz bestimmt.«

Dame zwei schaltet sich direkt zu: »Da isse bei dir sicher ganz überrascht«, und während ich kurz überlege, ob ich das als Beleidigung auffassen sollte, ergänzt Dame eins: »Ne Frisur hatta vorher ja nich gehabt, wa? Aber jetzt hatta eene. Is doch schick!« Und da hat Tatjana mir auch schon was in die Haare gemacht. Unter den anfeuernden Rufen aller anwesenden vier Frauen darf ich mich noch mal im Spiegel anschauen, ich nicke schicksalsergeben, Tatjana sagt: »Na also! Sieht einfach besser aus mit was in die Haare! Machen Sie sich da ruhig mal immer was rein!« Huch, nachdem sie mir was in die Haare gemacht hat, geht sie wieder zum »Sie« über. Nicht so die alten Haubitzen, die sich gerade Piccolo nachfüllen: »Ja, mach dir ruhig was inne Haare. Sollst mal sehen, fährt deine Olle voll drauf ab. Du glaubst gar nicht, für was so'n bisschen Gel alles gut sein kann«, sekundiert die Tantra-Tante, und ehe es jetzt wieder ins Detail geht, ergreife ich die Flucht. »Komm dis nächste Mal mal 'n bisschen früher zum Janchen, und nicht erst, wenn schon der Notstand ausgebrochen is uffm Kopp, ja?«, ruft die andere mir noch hinterher. »Ja, ja!«, rufe ich, während die Tür hinter mir zufällt. Ich bin nicht sicher, ob ich dieses Versprechen halten kann.

Der Buchhändler

Auch der Wedding ist selbstverständlich vollgestellt mit seelenlosen Geschäften entsetzlicher Ketten, die irgendwelche Gesundbrunnen Center oder Cittipoints füllen, die andernorts Arkaden genannt werden und sicher hier auch so hießen, wäre der edle Name nicht selbst den bescheuertsten Werbetextern dann doch eine Nummer zu albern angesichts der Umgebung, weshalb die Arkaden also nicht Arkaden heißen, sondern eben »Gesundbrunnen Center« und »Cittipoint«. Dazwischen liegen die Bastionen der organisierten Kriminalität, also die Spielcasinos, die Rocker-Cafés und die Vodafone-Filialen.

Es wäre also sehr trostlos, gäbe es nicht doch hier und da vereinzelte Trutzburgen, die sich aus ungeklärten Gründen dem Zeitgeist entgegenstemmen. Früher waren es das wunderbare Eier-Fachgeschäft, in dem es tatsächlich nur Eier gab und als Add-ons ausschließlich weitere Hühnerprodukte wie Brathähnchen und abgepacktes Frikassee, oder die »Maritime Fachbuchhandlung«, die exakt hielt, was der Name versprach. Beide sind leider inzwischen verschwunden, aber noch haben wir einige ungeschliffene Juwelen in Laufweite: »Lederwaren Hobby« etwa, ein Fachgeschäft für Rocker- und Westernheldenbedarf; das türkische Bekleidungsgeschäft mit den sechs Schaufensterpuppen, die allwöchentlich ebenso liebevoll wie aufwendig komplett neu angezogen und drapiert werden, immer in sorgfältig aufeinander abgestimmten Farben und Schnitten, ein seit über zwanzig Jahren fortgeführtes Gesamtkunstwerk; die legendäre Musikalienhandlung im Rathaus Wedding, in der eine etwa hundertzwanzigjährige alte Dame zu schwer kalkulierbaren Zeiten die Wacht hält, Noten, Gitarren und Effektgeräte verkauft und damit einen kleinen Kreis von Weddinger Grundschülern ebenso wie Profi-Musikern mit ausgefallenen Wünschen bedient und die ansonsten jeden Lokalreporter, der dumm genug ist zu glauben, hier warte eine gute Story darauf, endlich einmal niedergeschrieben zu werden, beharrlich schweigend vor die Tür befördert; und schließlich ein Buch-Antiquariat, das diesen Namen völlig zu Recht trüge, wenn es denn überhaupt einen Namen trüge.

Es trägt aber keinen. Hat es nicht nötig. Namen sind Schall und Rauch. Der Laden ist einfach nur restlos mit Büchern vollgestellt. Wohlgemerkt: mit Büchern. Keineswegs mit Regalen. Denn das Antiquariat ist ja kein Möbel-, sondern ein Büchergeschäft, und Bücher lassen sich hervorragend stapeln. Meterhoch. Wenn man von draußen, von der Brüsseler Straße, auf das Antiquariat schaut, blickt man auf Wände aus Büchern. Eine kleine Auswahl ziert das Schaufenster, ganz hinten im Laden steht ein wackliger Verkaufstresen, hinter dem sich der Bücherwurm verschanzt hält, der so aussieht, wie ein Bücherwurm auszusehen hat: lange wirre, weiße Haare, langer wirrer, weißer Bart, zerklüftete Stirn, Brillenvorkriegsmodell, antiquarische Kleidung, die jeden dieser Lifestyle-Ratgeber-Deppen unverzüglich in den Freitod treiben würde und schon deshalb nicht hoch genug zu loben ist. So sitzt er hinter seinem Tresen und verbringt seine Tage wenig überraschend damit, Bücher zu lesen.

Ich weiß das, weil ich öfter nachts an dem Laden vorbeikomme und fasziniert durch das Fenster hinein blicke. Er ist hell erleuchtet, denn der Antiquar sieht nicht mehr so gut, da braucht er viel Licht. Bemerkt hatte ich ihn schon lange, und doch war ich unverzeihlicherweise noch nie in das wunderbare Geschäft eingetreten. Aber jetzt, auf dem Nachhauseweg von der Kneipe, um halb zwei in der Nacht, torkelte ich glücklich und zufrieden mit berauschtem Kopf abermals vorbei, warf einen Blick hinein, sah den alten Mann hinter seinem Tresen in Büchern verloren und fasste mir ein Herz.

Die Tür war offen. Trotzdem fragte ich beim Eintreten höflich: »Guten Abend, ist denn noch geöffnet?« Der Herr schaute nur flüchtig von seiner Lektüre hoch und murmelte: »Ja, ja, natürlich.« Natürlich! Was sollte so ein Buchladen schon anders sein als geöffnet, mittwochnachts um halb zwei. Er würdigte mich keines weiteren Blickes. Alles war also perfekt. Beziehungsweise: alles wäre perfekt gewesen, doch leider hatte ich trotz erfreulich ausgiebigen Alkoholkonsums in den Stunden zuvor noch nicht die erforderliche Erleuchtungsstufe erreicht, um mich angemessen zu verhalten. Denn anstatt mich einfach treiben zu lassen in diesem Meer des gedruckten Wortes zwischen Kochbüchern aus den Fünfzigerjahren, kommentierten Editionen von »Das Kapital« und Konsalik-Originalausgaben, überlegte ich fieberhaft nach einem ganz realen Anliegen, das ich vortragen könnte, um meine Anwesenheit zu rechtfertigen. Da fiel mir ein nur noch antiquarisch erhältliches Buch ein, nach dem ich schon lange suchen wollte und es stets vergessen hatte, und so sagte ich: »Ähm, ich suche nach einem bestimmten Buch, das ...« Der Buchhändler schaute nur kurz auf, sah mich leicht unwirsch an und ließ mich gar nicht erst ausreden, sondern beschied mir umstandslos: »Dann sind Sie bei mir falsch.« Dabei senkte er den Blick bereits wieder und las weiter. Ich war überrascht und verstand noch immer nicht. Ich dachte im ersten Augenblick, ich hätte halt einen Berliner getroffen, der auf eine höflich vorgetragene Frage nun einmal Berlinerisch reagiert, also unhöflich und gezwungen originell: Das ist 'ne Buchhandlung hier, und Sie suchen ein Buch, das ist ja allerhand, erzählense mir nich sowatt. Aber das war es gar nicht. Er meinte es völlig ernst, wie mir klar wurde, nachdem er unwillig zur Kenntnis genommen hatte, dass ich immer noch vor ihm herumstand, weshalb er sich noch einmal dazu durchrang, den Kopf zu heben und zu ergänzen: »Wenn Sie ein bestimmtes Buch suchen, sind Sie höchstwahrscheinlich falsch bei mir. Dann sollten Sie das lieber im Internet suchen, damit kennen Sie sich doch sicherlich aus. Sehen Sie, ich habe hier eine ganze Menge Bücher«, mit einer eher angedeuteten Handbewegung wies er auf all die Stapel um uns herum, »aber«, und jetzt erwies er sich doch noch als Berliner, »es gibt sogar noch einige Bücher mehr, ob Sie's glauben oder nicht«. Und weil ich immer noch unverständig guckte, erläuterte er weiter: »Hier gibt's kein Regal mit ›Büchern, über die man spricht‹. Hier gibt's keine *Spiegel*-Bestseller, jedenfalls nicht aus den letzten dreißig Jahren. Hier gibt's erst recht kein Sortiment, das alle Interessen bedient. Und auch keines, das spezielle Interessen bedient. Hier gibt es einfach Bücher. Ich kaufe Bücher aus Wohnungsauflösungen, ich kaufe Bücher von Leuten, die ihre Dachböden und Keller ausmisten, ich kaufe Bücher von Leuten, die sie loswerden müssen, weil auf dem Schrank, in dem sie bisher standen, plötzlich ein Kuckuck klebt.« Er sah mich erwartungsvoll an, ob ich jetzt endlich kapiert hätte, und ja, das hatte ich, ich schalt mich einen Idioten und sagte: »Natürlich, entschuldigen Sie, aber ich habe schon ein bisschen was getrunken.« Was ihn aber offenbar dazu motivierte, noch deutlicher zu werden, er hatte vermutlich Erfahrung mit trunkenen Besuchern: »Sie können hier also einfach durch die Reihen gehen und schauen, was es so gibt. Wenn Sie Glück haben, werden Sie fündig. Und zwar mit genau dem Buch, von dem Sie nicht einmal geahnt hätten, dass es das geben könnte. Vielleicht sogar zu einem Thema, von dem Sie angenommen hätten, es interessiere Sie gar nicht. Oder von dem Sie nicht einmal wussten, dass es ein Thema ist. Wenn Sie ein bisschen Zeit mitbringen, und es ist ja erst halb zwei, sehen Sie sich einfach in Ruhe um. Wenn Sie aber wirklich nur ein bestimmtes Buch suchen«, und mit diesen Worten wechselte sein zwischenzeitlich leicht schwärmerischer Ton wieder ins Abweisende, »dann gehen Sie einfach zu Thalia oder zu Amazon. Die können bestimmt was für Sie tun.« Die letzten Worte nuschelte er nur noch in seinen imposanten Bart, während er offenkundig bereits wieder in die Lektüre vertieft war, ein dem Aussehen nach aus den Sechzigerjahren stammendes Buch über die Anlage eines Kräutergartens.

Obwohl er mich wie einen Schuljungen zurechtgewiesen hatte, widerstand ich dem Impuls, das Weite zu suchen. Befeuert vom Alkohol in meinen Adern dachte ich wild entschlossen: »Jetzt erst recht!« Ich begann, die Buchrücken in den Stapeln zu studieren, ich reckte mich, ich setzte mich sogar auf den Boden, um auch die unteren Titel zu begutachten, minutenlang. Es herrschte völlig Stille im Laden, unterbrochen nur vom gelegentlichen Umblättern der Kräuterseiten und dem Knarren der Dielen, wenn ich mein Gewicht zu einem neuen Stapel verlagerte. Eine Viertelstunde verging, und merkwürdigerweise fühlte ich mich immer wohler, ganz entgegen meinen normalen Instinkten, die mich eine solche Situation hätten fliehen lassen. Auch der Bücherwurm wirkte zunehmend vertrauter, seine Miene entspannte sich, es behagte ihm offenkundig, dass jemand seine Sammlung still begutachtete. Wohlwollend blickte er zu mir herunter, während ich die untersten Bände eines Stapels begutachtete und dort auf erotische Kurzgeschichten aus der DDR stieß. Da wusste ich plötzlich, dass ich mein Buch gefunden hatte.

»Ist gut«, sagte der Buchhändler, und dann begann er, umsichtig den Zwei-Meter-fünfzig-Stapel in handhabbaren Einzeltürmchen abzutragen. Vorsichtig positionierte er die Einzelstapel auf seinem Verkaufstresen. »Es ist sehr wichtig, dass nichts durcheinanderkommt«, kommentierte er den Vorgang, und fasziniert beobachtete ich, wie er sich bis zum Boden durcharbeitete, um mir das Zeugnis realsozialistischer Sinnesfreuden zu überreichen und dann anschließend die Stapel in genau gleicher Reihenfolge wieder zusammenzusetzen. Dann nahm er kleine Zettel aus den Büchern, schrieb die Angaben in ein Oktavheft, kommentierte das erstaunliche Prozedere mit den Worten: »Exakte Dokumentation ist in meinem Beruf das Allerwichtigste«, und schließlich berechnete er mir vier Euro fünfzig für den volkseigenen Sex.
Ich bedankte mich, zahlte und verließ beschwingt den wundersamen Laden. In der Tür rief der Antiquar mir noch nach: »Beehren Sie mich gerne wieder, wenn Sie mal wieder nichts Bestimmtes suchen!«

Ich bin Berliner, holt mich hier raus!

»Es schneit. Das ist nicht gut.« – So dachte ich erschrocken, als ich durchs Fenster nach draußen blickte, denn ich hatte einen Termin beim Bürgeramt. Weil ich einen neuen Reisepass brauchte. Berliner werden die Dramatik der Situation sofort verstehen, aber für alle, die das Pech haben, nicht in der trendigsten, hippsten, sexyesten Stadt des Landes zu wohnen, muss ich vielleicht kurz erläutern, warum eine Tragödie drohte.

Es war ja noch nie schön, zum Bürgeramt zu müssen. Früher ging man im Wedding dafür zum Rathaus. Man nahm sich einen Tag frei, reihte sich früh morgens in eine Menschenmenge ein, die so lang war wie die Deppenschlange vor einem Apple Store am Erstverkaufstag des neuen iPhones, und dann bekam man, wenn alles glatt lief und der Schalter einem nicht vor der Nase zugeschlagen wurde, weil die Ausgabezeit nun einmal um 11 Uhr endete, eine Wartemarke. Jetzt musste man nur noch wenige Stunden warten, bis die darauf befindliche Nummer angezeigt wurde, und schon kam man dran und konnte einfach so zu einem Bürgeramtsmitarbeiter gehen. Dort konnte man dann sein Anliegen vortragen, musste eine Gebühr bezahlen und dafür einen Kassenautomaten aufsuchen, denn nur an dem konnte man die Gebühr auch tatsächlich entrichten – und selbstverständlich nicht bei dem Bürgeramtsmitarbeiter, das wäre ja viel zu einfach gewesen. Der Kassenautomat aber stand nicht etwa im Hauptgebäude des Bürgeramtes, das wäre auch viel zu einfach gewesen. Dafür musste man sich schon in ein Nebengebäude begeben, durch diverse Gänge, die selbstredend nicht oder nur teilweise oder auch mal irreführend ausgeschildert waren, sonst wäre es ja erst recht viel zu einfach gewesen.

Die ganz Glücklichen hatten eine Schatzkarte von ihren Großeltern geerbt, auf der der Standort des Kassenautomaten mit einem dicken Kreuz markiert war, die anderen mussten sehen, wie sie das Ding selbstständig im Keller des Nachbargebäudes in einer dunklen Kammer aufspürten. Wenn man dann anschließend mit der Quittung noch vor Feierabend wieder bis zum Schalter zurückfand, hatte man es geschafft. Für viele Weddinger war das einer der größten Erfolge, die sie in ihrem Leben je errungen haben, und mit gestärktem Selbstvertrauen gingen sie aus dieser Dschungelprüfung hervor, gegen die das Kakerlakenschlecken im australischen Regenwald Luschenkram für verweichlichte Fernseh-Pussys ist.

Später dann ist das Bürgeramt in das Gebäude des Finanzamts am U-Bahnhof Osloer Straße umgezogen, also fünf Gehminuten und eine U-Bahnstation weiter. Ansonsten schien sich nicht viel verändert zu haben: lange Schlangen, stundenlanges Warten erst auf die Wartemarke und dann darauf, dass die Wartemarke aufgerufen wird, hässliches Großraumbüro. Ich brauchte einen neuen Personalausweis, rund dreißig Euro sollte er kosten. »Funktioniert die Kartenzahlung inzwischen?«, fragte ich, wohlwissend, welch ungeheure Provokation dieses unverschämte Anliegen darstellte. Die Frau hinterm Schalter sah mich taxierend an, kurz blitzte etwas Undefinierbares in ihren Augen auf, das Gefahr verhieß, aber im nächsten Moment lächelte sie mich mit größtmöglicher Liebenswürdigkeit an und sagte in bedauerndem Tonfall:»Nein, das funktioniert am neuen Standort leider noch nicht. Man kann ja nicht alles auf einmal haben, nicht wahr?«»Na ja«, grummelte ich,»das funktionierte doch am alten Standort auch nicht.« Sie lächelte unbeirrt weiter:»Da war ja auch schon alles in den Vorbereitungen für den Umzug!« Ich wusste um die Sinnlosigkeit dieses Gesprächs, aber sie kitzelte den Widerspruch förmlich heraus, also sagte ich:»Ich war vor drei Jahren das letzte Mal bei Ihnen, da wusste überhaupt noch niemand was von einem Umzug, und da funktionierte es auch nicht.«»Das kann schon sein«, sagte die Dame, »aber das war ja noch in der Einführungsphase der Kartenlesegeräte, am Anfang haben die natürlich nicht sofort reibungslos funktioniert.«»Haben die überhaupt jemals funktioniert?«, fragte ich.»Oh, sicherlich«, lächelte die Bürgeramtlerin weiter,»lassen Sie mich nachdenken. Ich glaube, es war am 17. Mai 2012. Ein herrlicher Frühsommertag, und am Abend zuvor stand beim Chinesen in meinem Glückskeks: ›Große Veränderungen werden in ihr Leben treten.‹ Und ich dachte noch: Pah, was soll in meinem Leben schon groß an Veränderungen passieren. Ich meine, ich hab eine unbefristete Anstellung beim Bürgeramt, da rechnet man nicht unbedingt mit überraschenden Entwicklungen, und dann ... na ja, Sie ahnen es ja. Da hat das Kartenlesegerät plötzlich funktioniert! Den ganzen Vormittag lang. Das war ein Hallo hier im Büro, *da* hätten Sie mal kommen sollen!«»Leider habe ich es verpasst«, murmelte ich zerknirscht.»Ja, leider«, sagte die Frau,»deswegen müssten Sie jetzt bitte die dreißig Euro am Kassenautomaten bezahlen.«»Selbstverständlich«, resignierte ich,»wo haben Sie ihn denn diesmal versteckt?« Da blitzte es wieder so seltsam undefinierbar gefahrverheißend in ihren Augen auf, aber sofort schaltete sie wieder auf breitestes Lächeln um und säuselte: »Aber nicht doch, ich sagte ja schon: Es geht nicht alles auf einmal bei so einem Umzug.«

Was meinte sie bloß? Dann sickerte langsam die Erkenntnis in mein Bewusstsein: »Sie meinen, Sie haben hier gar keinen Kassenautomaten?« Sie strahlte mich selig an: »Ganz genau!« »Steht das Ding etwa immer noch im Keller des Nebengebäudes vom Rathaus Wedding?« »Ganz genau! Sie kennen den Weg noch?« »Allerdings!« »Dann grüßen Sie die Kiste mal lieb von mir! Und beeilen Sie sich ein bisschen, um drei ist hier Schluss, bis dahin müssen Sie wieder zurück sein. Nehmen Sie mal lieber die U-Bahn!« Ich war fassungslos. Aber vermutlich hatten sie einfach noch keine ausreichend unzugängliche Kammer im neuen Gebäude gefunden, wo sie den Kassenautomaten hätten hinstellen können. Und doch: Heute werde ich ganz nostalgisch, wenn ich daran zurückdenke. Es gab immerhin noch eine realistische Chance, innerhalb nur eines einzigen Arbeitstages seine notwendige Erledigung auf dem Amt zu verrichten. Ohne jede Voranmeldung, einfach so! Ach, was waren das für Zeiten!

Vorbei. Heute muss man einen Termin haben, um überhaupt vorgelassen werden. »Das ist doch ganz praktisch, dann muss man nicht mehr stundenlang in einer schlecht riechenden Menschenmasse warten, bis man dran kommt«, denkt der Nicht-Berliner nun, aber so kann natürlich nur ein Nicht-Berliner denken. Der Berliner hingegen weiß: Jetzt fangen die Probleme erst richtig an.

Bis zu sechs Monate im Voraus kann man theoretisch im Netz so einen Termin buchen. Man muss auf der betreffenden Website nur den Monat anklicken, in dem man zum Amt will, und schon wird einem angezeigt, welche Termine dann verfügbar sind. Ich versuchte es spaßeshalber zuerst im aktuellen Monat. Es erschien die Meldung: »In der angegebenen Zeit gibt es keine Termine. Versuchen Sie es doch den nächsten Monat.« Na gut, versuchte ich es doch den nächsten Monat. Es erschien die Meldung: »In der angegebenen Zeit gibt es keine Termine. Versuchen Sie es doch den nächsten Monat.« Na gut, versuchte ich es doch den nächsten Monat. Es erschien die Meldung ...

Allmählich dämmert jetzt vermutlich auch Nicht-Berlinern, wo das Problem liegt. Das Ende des Lieds lautet nämlich zuverlässig, dass in den gesamten sechs Monaten Vorbuchungszeitraum kein Termin zu haben ist. Und wie gesagt: ohne Termin kann man gar nicht erst hin. »Kann das denn sein?«, denkt der Nicht-Berliner nun sicherlich, aber ja, es kann, wie ein freundlicher Hinweis auf der Seite klarstellt: »Ein technischer Fehler liegt nicht vor, nur weil keine Termine mehr frei sind.«

Nur weil mal sechs Monate im Voraus kein einziger Bürgeramtstermin zu haben ist und nur weil man ohne Bürgeramtstermin aber auch gar nicht erst hingehen muss zum Bürgeramt, weil man eh nicht vorgelassen wird, man also schlicht keinerlei Chance hat, Reisepass, Ummeldung oder Personalausweis überhaupt auch nur zu beantragen, liegt hier noch lange kein technischer Fehler vor! Auf so eine Idee käme höchstens ein Nicht-Berliner.

Der Berliner hingegen weiß, dass einem eben nichts geschenkt wird in dieser Stadt. Also stellt man sich den Wecker und versucht es nachts um vier, wenn die Konkurrenz am geringsten ist. Man sitzt am Computer und drückt wieder und wieder die Refresh-Taste. Und dann, eines schönen Tages, ist es so weit. Ein Termin blitzt auf! Wenn man jetzt noch schneller zuschlägt als all die anderen Verzweifelten an all den anderen Computern der Stadt, hat man ihn. Einen Termin beim Bürgeramt!

Selbstverständlich nicht in dem Bürgeramt des eigenen Bezirks, das würden nur Nicht-Berliner denken. Sondern in *irgendeinem* Bürgeramt *irgendwo* in der Stadt. In meinem Fall in – Köpenick. Köpenick! Ich holte meinen alten Schüler-Weltatlas aus dem Regal und schaute nach, wo das liegt. Nun gut, mit öffentlichen Verkehrsmitteln nur etwa eine Stunde von mir zu Hause entfernt. Kein Problem. Eigentlich.

Aber das Schicksal wollte nun einmal, dass mein Termin im Januar lag. Und dass es an genau diesem Januartag zu schneien begann. »Na und? Dann soll er sich halt warm anziehen«, denkt nun der Nicht-Berliner, als wäre das das Problem. Das Problem lautet aber vielmehr: Bei Extremwetterereignissen wie Temperaturen um die Frostgrenze und Schneefall von bis zu einem Zentimeter, womöglich sogar bis zu anderthalb Zentimetern, ist die Gefahr ausgesprochen groß, dass die S-Bahn nicht mehr funktioniert. Die S-Bahnen in Berlin mögen es nämlich nicht so kalt. Und Schnee mögen sie schon mal gar nicht. Ohne S-Bahn aber würde ich es nicht rechtzeitig nach Köpenick zu meinem Bürgeramtstermin schaffen. Also hatte ich keine Wahl, ich musste es wenigstens versuchen, auch auf die Gefahr hin, unterwegs in einem kollabierenden Zug stecken zu bleiben. Noch schienen die Bahnen immerhin zu fahren, also brach ich rasch auf.

Zuvor nur schnell noch im Spätkauf das Notwendigste für die anstehende Expedition kaufen: ein paar Müsliriegel als Proviant sowie eine Erste-Hilfe-Rettungsfolie und ein Fläschchen Rum zum Aufwärmen, falls die Bahn tatsächlich unterwegs steckenblieb, dazu ein Päckchen Kondome. Ich war bereit für alle Fälle!

Vor dem Spätkauf stand ein fetter BMW mitten auf dem Bürgersteig. Aber man darf doch nicht mitten auf dem Bürgersteig parken, mag jetzt der Nicht-Berliner denken, aber hey: Das ist hier ist Berlin, die, ich erwähnte es schon, trendigste, hippste, sexyeste Stadt des Landes. Hier parkt man eben, wo es gerade passt. Und gerade im armen Wedding zeigt man auch gerne, wenn man es durch harte, ehrliche Arbeit, etwa als Drogenhändler, Geldwäscher oder Zuhälter, zu etwas gebracht hat. Da ist man zu Recht stolz. Da soll jeder sehen, dass man sich einen fetten BMW leisten kann, und damit das jeder sehen kann, wird der eben mitten auf dem Bürgersteig geparkt. Das ist zudem auch sehr praktisch für die Polizei, denn wenn die einen demonstrativ mitten auf dem Fußweg falsch geparkten fetten BMW sieht, dann weiß sie gleich, wo sie auf gar keinen Fall vorbeigehen und irgendwas kontrollieren sollte, denn das würde garantiert nur Arbeit und Ärger bedeuten und das sorgfältig austarierte ökologische Gleichgewicht der Stadt stören. Schließlich ist alles ein fein abgestimmtes System hier, man muss die Zeichen eben nur zu deuten wissen.

Ich drückte mich an der Nobelkarosse vorbei in den Spätkauf hinein, schimpfte dabei innerlich über den Idioten, der die Karre wirklich selten dämlich dahingestellt hatte, und dachte, dass diese Verbrecher ja wirklich immer dreister werden und dass man vielleicht doch mal was dagegen tun müsste. Im Laden klaubte ich in höchster Eile meine Sachen zusammen, mit dem besorgten Blick nach draußen, wo sich allmählich eine zarte, weiße Schicht auf dem Boden abzuzeichnen begann. Verdammt, nicht mehr lang bis zur geschlossenen Schneedecke, und dann wäre es garantiert aus mit dem öffentlichen Nahverkehr.

Als ich bezahlen wollte, sah Yusuf, der Chef vom Spätkauf, mich nach einem Blick auf meine Einkäufe besorgt an. »Wasn los? Willstu S-Bahn fahren, oder was? Solltest du nicht machen, guck mal nach draußen, es schneit!« Ich sagte ihm, dass ich müsse, weil ich in anderthalb Stunden einen Termin beim Bürgeramt Köpenick hätte. »Oh, verdammt«, antwortete er bestürzt. Der Ernst der Lage war ihm sofort klar: »Verdammt, echt, Bürgeramt-Termin. Darfstu nicht verpassen, Großer! Wer weiß, ob du noch mal wieder einen kriegst.« Ich nickte traurig. »Fahr doch mit dem Auto«, schlug Yusuf vor. »Ich hab grad keins«, antwortete ich. »Dann nimm halt meins«, sagte Yusuf und legte mir einen Autoschlüssel auf den Tresen. Ich schaute ihn irritiert an. Meinte er das ernst? So gut kannten wir uns schließlich nun auch wieder nicht. Gut, ich kaufte seit Jahren die kleinen Dinge für zwischendurch immer treu bei ihm ein, aber dass er einem da gleich das Auto leiht? »Nimm ruhig«, bekräftigte er, »ich muss eh den ganzen Tag arbeiten.« »Das ist aber supernett!«, strahlte ich ihn an, »danke vielmals! Wo steht er denn?« »Steht direkt vor der Tür. Auf Bürgersteig. Müsste ich eh noch umparken. Kannste also haben. Suchste 'n richtigen Parkplatz, wennde wiederkommst. OK?« Er deutete durch das Fenster auf den fetten BMW. Verblüfft sah ich erst auf das Auto, dann auf Yusuf, der mir aufmunternd zunickte, dann dachte ich: »Ach, was soll's« und griff beherzt zu. Yusuf feuerte mich an: »Los schon, beeil dich jetzt mal ein bisschen, darfstu nicht zu spät kommen zum Bürgeramt! Musstu voll pünktlich sein!« Zwei Minuten später brauste ich in der Verbrecherkiste davon.

Aber ist das nicht letztlich doch alles sehr beruhigend? Wenn es wirklich ernst wird, dann halten wir Berliner eben zusammen. Nicht-Berliner können das natürlich nicht verstehen. Aber wir Berliner, wir wissen, dass nichts ernster sein könnte in diesen harten Zeiten, als ein Termin beim Bürgeramt. Gemeinsam werden wir auch diese Prüfung bestehen.

Gift und Galle

Ich dachte ja, dass ich inzwischen einigermaßen abge-brüht bin, was Auftritte angeht, aber die Einladung ins richtige Fernsehen beunruhigte mich doch ein wenig. Al-so nicht bei irgendwelchen Berliner Hinterhofsendern oder dritten Programmen oder Arte oder so was, sondern wirklich richtig: ins RTL-Hauptprogramm. Direkt in die Hölle also. Ich sollte dort bei Stern TV den Freak geben, der die Haltung von Reptilien verteidigt, gegen eine Ver-treterin des Deutschen Tierschutzbundes, die die erstaun-liche Meinung vertritt, dass nur Tiere, die auch wirklich darunter leiden können, als Haustiere gehalten werden sollten, nämlich Hunde und Katzen, auf keinen Fall aber solche, denen es nachweislich vollständig egal ist, also Schlangen, Spinnen und Echsen. Mir war schon klar, dass sie mich in der Sendung vorführen wollten, aber kampf-los wollte ich ihnen das Feld auch nicht überlassen, also sagte ich zu.

Ich war also durchaus ein wenig nervös wegen der Aussicht, am nächsten Abend im bundesweiten Fernse-hen vor einer enthemmten Meute von hysterischen Ku-scheltierliebhabern öffentlich gegrillt zu werden, aber dass mir deshalb gleich der Bauch dermaßen grimmen musste, fand ich dann doch übertrieben. So dachte ich, nachdem ich meine Tasche für den Flug nach Köln zum Sender schon gepackt hatte. Und so dachte ich erst recht, nachdem ich mich eine Weile schlaflos im Bett wälzte. Das ist sicher nur die Aufregung, beruhigte ich mich, während ganz allmählich die Erkenntnis in mir durchsickerte, dass ich mich gar nicht schlaflos im Bett wälzte, sondern wand. Vor Schmerzen. Ich konnte es gar nicht glauben, weil ich so etwas noch nie erlebt hatte. Und dann ausgerechnet vor so einem Auftritt? Das konnte doch nicht sein, dass das wirklich was Körperliches war, was für ein irrer Zufall wäre das denn?

Als ich begann, mir vor Schmerzen das Kopfkissen in den Mund zu stopfen, gab ich auf. Vier Uhr nachts. Was nun? Ich suchte die Nummer vom Ärztlichen Notdienst heraus. Dort ging jemand ran, der behauptete, der eigentliche Ärztliche Notdienst würde mich in Kürze zurückrufen. Inzwischen lag ich röchelnd auf dem Boden. Das waren die schlimmsten Schmerzen meines gar nicht mehr so jungen Lebens, wie ich mir eingestand, aber ich wollte auch nicht so hysterisch wie ein Tierschützer wirken und deswegen gleich ins Krankenhaus fahren. Außerdem hat schon mein Opa einst gesagt: Wenn du da einmal reinkommst, kommst du da nie wieder raus. Zumindest, da war ich mir sicher, nicht schnell genug, um abends zur Live-Sendung in Köln zu sein, und dann würden alle denken, ich hätte mich gedrückt. Das wollte ich auf keinen Fall.

Endlich rief der Ärztliche Notdienst zurück. Er fragte nur kurz, worum es denn ginge, dann sagte er: »Da kann ich eh nichts machen. Fahren sie mal lieber direkt ins Krankenhaus.« Verdammt.

Im Virchow-Hospital konnte ich mich vor Schmerzen kaum auf dem Stuhl im Wartebereich der Notaufnahme halten. Die zuständige Schwester zeigte sich davon allerdings wenig beeindruckt. Kein Wunder: Ein kleiner Blick durch den Saal zeigte auf allen Bänken wimmernde, röchelnde, gurgelnde oder still die Augen verdrehende Elendspakete.

Hier konnte ich, das wurde mir schnell klar, mit meiner Einschätzung, auf der gefühlten Schmerzskala von 0 bis 10 einen Punktwert von 9 zu erleiden, keinen Stich machen. »Zwölf!«, schrie jemand hinter mir. »Zwanzig!«, versuchte ein anderer zu überbieten. Aber die Schwester zuckte nur ungerührt mit den Achseln. Wenn das so weiterging, das war mir inzwischen klar, würde ich es bis zum Sendungsbeginn keinesfalls nach Köln schaffen. Mit ziemlicher Sicherheit würde ich es bis zum Sendungsbeginn nicht einmal schaffen, einen Arzt zu sprechen. In meiner Verzweiflung zückte ich also meinen letzten Trumpf: »Neuneinhalb. Und: Ich bin heute Abend Gast bei Stern TV in Köln, ich muss da unbedingt rechtzeitig hin.« Plötzlich kam Leben in die Schwester: »Bei Stern TV? Echt? Mit Steffen Hallaschka?« Ich hatte zwar keine Ahnung, wer Steffen Hallaschka sein sollte, aber ich nickte sicherheitshalber. »Kleinen Moment«, flüsterte die Schwester und verschwand. Ungefähr zwei Minuten später kam sie mit einem Krankenpfleger und einer Ärztin mitsamt einer rollenden Liege herangerast: »Achtung, Notfall!«, rief sie. Erschrocken sah ich mich um, wen von uns Wartenden es jetzt doch erwischt hatte, bis mir klar wurde, dass sie mich meinten. Im nächsten Moment lag ich auf der Liege und wurde in ein Behandlungszimmer geschoben.

Dann ging alles sehr schnell. Die Ärztin drückte ein wenig auf meinem Bauch herum und fragte, während der Pfleger mir einen Tropf anlegte: »Sie sind heute Abend wirklich bei Steffen Hallaschka?« Fünf Minuten später wurde ich in die Anästhesie geschoben. »Da ist der Mann, der heute zu Steffen Hallaschka geht!«, hörte ich den Pfleger, der Anästhesist trat an meine Liege, legte mir eine neue Infusion an, dann fragte er mich kurz nach Allergien, Vorerkrankungen und Steffen Hallaschka. Ich solle doch bitte ein Autogramm von ihm mitbringen, hörte ich noch, dann wurde es schwarz vor meinen Augen.

Als ich wieder aufwachte, stand ein anderer Arzt vor mir. »Na endlich!«, begrüßte er mich zurück in dieser Welt, »jetzt beeilen Sie sich mal ein bisschen, sonst kommen Sie noch zu spät nach Köln!« Er klang vorwurfsvoll. »Wir haben eine Magenspiegelung gemacht. Und ein Sonogramm. Schauen Sie mal!« Er hielt mir ein Ultraschallbild hin und zeigte auf einen merkwürdigen nebligen Fleck. Verdammt, ich bin schwanger, dachte ich. »Gallensteine!«, rief er freudig, »Sie hatten eine Kolik. Entsteht, wenn so ein Stein durch den Gallengang abgeht, aber nicht richtig passt. Jetzt ist er aber durch, jetzt ist alles gut. Sie können bedenkenlos nach Köln.« »Und die Gallensteine? Wird das wieder passieren?«, fragte ich ängstlich. »Na klar. Wenn die einmal anfangen zu migrieren, hören die nicht wieder auf damit. Kann nächste Woche sein oder erst nächstes Jahr. Sie werden's schon merken, und dann kommen Sie sowieso wieder. Aber dann bringen Sie mir bitte ein Autogramm von Steffen Hallaschka mit!«

Ich war dann übrigens tatsächlich rechtzeitig in Köln bei der Sendung. Da ich noch halb unter Narkose stand und zudem seit 36 Stunden nicht mehr geschlafen hatte, war ich erstaunlich ruhig. Vor der Sendung kam ein jovial aussehender Mann in meine Garderobe, von dem ich fürchtete, er wolle mir jetzt eine Versicherung aufschwatzen. »Guten Tag, Sie sind Herr Werning?«, sagte er. »Guten Tag«, erwiderte ich, »der bin ich. Und wer sind Sie?« »Ich bin Steffen Hallaschka«, antwortete der Mann. Ach guck, dachte ich. »Darf ich Sie um etwas bitten?«, fragte er. Huch, was kommt denn jetzt, dachte ich, sagte aber: »Na klar.« »Sie machen doch bei den Brauseboys im Wedding mit, stimmt's?«, fragte er. »Hä?«, sagte ich. »Wissen Sie, ich habe früher in Berlin gelebt, da war ich öfter bei Ihnen.« »Oh!«, sagte ich und fühlte mich geschmeichelt. Wir sind berühmt! Hallaschka räusperte sich: »Sagen Sie, wären Sie so freundlich, mir ein Autogramm von Paul Bokowski zu besorgen?« Ein Autogramm von Paul Bokowski? Den Jung-Vorleser, den wir einst aus der Gosse gefischt, an unserer Brust genährt und ihm mühsam lesen und schreiben beigebracht haben, unser Geschöpf? Nur weil der jetzt mal ein bisschen Erfolg hatte? Und das auch nur, weil wir dem Kleinen höflicherweise den Vortritt gelassen haben, um ihn ein bisschen aufzubauen. Das ist jetzt der Lohn? Dass man sich von irgendwelcher C-Fernsehmoderatorenprominenz anbetteln lassen muss um ein Autogramm von Paul Bokowski? Ergeben sackte ich in mich zusammen und nickte kraftlos. »Natürlich. Sie können mich jetzt gerne narkotisieren.« Er schaute mich verständnislos an.

In den folgenden zwei Jahren lebte ich ganz gut mit dem Befund »Gallensteine«. Manchmal gab es ein bisschen Gerumpel und Gekneife im Bauch, aber im Großen und Ganzen war ich schmerzfrei. Nachdem mich dann ganz unvermittelt aber doch wieder eine echte Kolik heimgesucht hatte, stand fest, dass es so nicht weitergehen konnte. Ich brauchte also einen Arzt, der sich das nochmal anguckte und mich dann zur OP ins Krankenhaus überweist.

Nun war ich zum Glück bislang eher selten krank und habe auch sonst nicht viel zu besprechen mit Ärzten. Ich habe also gar keinen Hausarzt. Dementsprechend tippte ich »Hausarzt« und »Wedding« in die Suchmaschine und rief bei einer geographisch günstig gelegenen Praxis an. Dort lachte man mich aus, als ich sagte, ich hätte gerne einen Termin, möglichst diese oder nächste Woche. »Hörnse mal«, sagte die Sprechstundenhilfe, »Termine haben wir frühestens in drei Monaten.« »In drei Monaten? Nee, dann probiere ich es doch lieber woanders«, sagte ich. »Na dann: viel Glück«, kicherte sie.

Ich war erstaunt, aber was soll's, Hausärzte sind ja keine Mangelware hier in der Gegend. Sehr wohl eine Seltenheit sind allerdings Hausärzte, bei denen man überhaupt telefonisch durchkommt, wie ich im Folgenden feststellte. Meistens erklärte mir eine Bandansage sehr ausführlich, wann die Sprechzeiten seien, während der ich schlauerweise natürlich angerufen hatte, und ganz am Ende der Ansage hieß es dann: »Wenn Ihr Anruf in unsere Sprechzeiten fällt und niemand ans Telefon geht, sind alle unsere Mitarbeiter leider gerade beschäftigt. Sie können aber Ihre Nummer hinterlassen. Wir rufen Sie gerne zurück.« Tat natürlich niemand.

Bei der sechsten Praxis, bei der ich es versuchte, kam ich endlich wieder durch, jetzt wurde mir von der Sprechstundenhilfe aber barsch beschieden: »Wir nehmen keine neuen Patienten mehr auf.« »Was denn, nie wieder?«, fragte ich verblüfft. »Na, hin und wieder stirbt mal einer, wennse wollen, kann ich sie auf die Warteliste setzen.« »Nein danke«, sagte ich. Allmählich wurde ich ungeduldig. Da klingelte plötzlich mein Telefon. Ich ging ran, ein Dr. Fischer meldete sich. Ich war so überrascht, dass ich ihn anblaffte: »Und? Was wollen Sie von mir?« »Na, Sie hatten bei mir angerufen«, sagte er freundlich.

Ich war fassungslos. Eine Arztpraxis, wo jemand zurückruft? Und dann sogar der Arzt selbst? Konnte das sein? »Und Sie sind wirklich Arzt?«, fragte ich misstrau-

isch. »Ja«, sagte er freundlich, »worum geht es denn?«
Ich erklärte ihm mein Problem, und er sagte, ich könne
gerne vorbeikommen, wenn ich wollte, sogar sofort. Ich
war sprachlos. Dann setzte er nach: »Leider bin ich aber
nicht bei den Kassen zugelassen. Ich bin nämlich eigentlich Flugmediziner und stelle Flugtauglichkeitsbescheini-
gungen aus, das muss eh privat bezahlt werden. Aber
wenn Sie wollen, kann ich Sie gerne ins Krankenhaus
einweisen zur Gallen-OP. Kostet halt ein bisschen. Geht
aber schnell.« Er klang lauernd. Offenbar war das Gesundheitssystem hier dermaßen ruiniert, dass sich tatsächlich solche Kriegsgewinnler daran laben konnten. So
verzweifelt war ich aber nun doch noch nicht, ich lehnte
dankend ab.

Zunehmend zornig rief ich bei der nächsten Praxis an.
Immerhin, es ging jemand ran. Der schon gewohnte Befund: »Nee, wir haben Aufnahmestopp.« »Verdammt, es
muss doch möglich sein, in diesem elenden Bezirk an einen popeligen Arzt zu kommen«, fauchte ich ins Telefon.
»Sind Sie Notfall?«, knarzte es zurück. »Was?«, fragte
ich verwirrt. »Na, wenn Sie Notfall sind, kann ich Sie
nicht daran hindern, hier vorbeizukommen. Dann müssen
Sie halt eine Weile warten, aber Sie kommen dran.«
Guck an, dachte ich. So geht das also.

So ging es dann auch tatsächlich. Ich meldete mich als
Notfall und gab meine Daten an. »Wer ist ihr bisheriger
Hausarzt?«, fragte die Sprechstundenhilfe. »Ich habe hier
in Berlin noch keinen«, antwortete ich wahrheitsgemäß.
»Oh, zugezogen?« »Ja, 1991.« Sie wirkte leicht irritiert.
»Ich habe Ihre Daten jetzt eingegeben. Ob Frau Doktor
Sie als Patient aufnimmt, kann ich Ihnen aber nicht ver-
sprechen.« »Wie bitte?« »Na, Sie sind jetzt Notfall. Da
muss Frau Doktor Sie behandeln. Aber wenn Sie dann
kein Notfall mehr sind, muss sie nicht mehr. Ob Sie dann

weiter kommen können, entscheidet sie dann.« Huch. Würde ich den Ansprüchen von Frau Doktor genügen? Hatte ich frische Unterwäsche an, hatte ich mich ordentlich rasiert? Würde ich eine Aufnahmeprüfung absolvieren müssen? Oder schlimmer noch: meine Speise- und Trinkgewohnheiten offenlegen?

Frau Doktor rief mich schließlich zu sich, einen Assistenten gleich noch dazu, dann machte sie eine Ultraschalluntersuchung meines Bauchs und fand sofort heraus, dass die Gallenblase ausgedient hatte. Sie war begeistert und raunte ihrem Assistenten zu: »Schauen Sie her! Eine lehrbuchmäßig entzündete Gallenblase! Ganz wunderbar!« Ich fühlte mich ein bisschen stolz. Ja, ich hatte schon eine prächtige Gallenblase! So schön muss man sie erst mal hinentzündet bekommen. Wo sie schon mal dabei war, ging sie noch ein bisschen weiter auf Entdeckungsreise in meinen Innereien. Dabei stellte sie ihrem Assistenten am Bildschirm nach und nach diverse Einzelteile von mir persönlich vor. Neugierig lugte ich auch darauf, einfach, um mich besser kennen zu lernen. »Die Leber«, flüsterte Frau Doktor zu ihrem Kollegen, »die ist ja gar nicht so verfettet.« Aha. Meine Leber ist also gar nicht so verfettet. Ergänze im Kopf: wie man hätte annehmen müssen angesichts meiner Erscheinung und dem Standort Wedding. Meine Leber ist also gar nicht so verfettet – ich glaube, das ist das schönste Kompliment, das mir in dieser Stadt jemals jemand gemacht hat. In dem Moment wurde mir klar: Hier hatte ich meine Hausärztin gefunden. Jahrelang habe ich mich aufgespart, habe mich mit keiner anderen eingelassen, habe auf sie gewartet. Aber jetzt bin ich bereit! Hoffentlich nahm sie meinen Antrag an.

Sie nahm. Mit meiner vorbildlichen Gallenblase durfte ich bald darauf ins Virchow-Klinikum. Stolz legte ich dort Arztbrief und Überweisung vor. Zu meiner Überraschung wurde mir verkündet, dass man als Erstes eine Ultraschall-Untersuchung meiner Gallenblase machen müsse. »Aber die hat Frau Doktor doch letzte Woche erst gemacht«, gab ich zu bedenken, »das Bild habe ich Ihnen doch sogar mitgebracht.« »Ja, aber das war letzte Woche und das war Frau Doktor. Wir gucken lieber heute und selbst.«

Irgendwie habe ich den leichten Verdacht, dass etwas mit unserem Gesundheitssystem ganz grundlegend schiefläuft. Aber was soll's, routiniert legte ich mich auf die Liege, entblößte meinen Bauch und erwartete die entzückten Komplimente zu meinem Inneren. Aber das Virchow spielt offenbar in einer anderen Liga: »Ja gut, kann man schon mal operieren«, meinte die Ärztin. »Sieht zwar noch gar nicht so entzündet aus, aber raus muss sie irgendwann sowieso.« Das war jetzt doch etwas enttäuschend. »Wollen Sie vielleicht auch noch meine Leber sehen?«, fragte ich daher, »die soll auch sehr schön sein!« »Nee, danke«, sagte die Ärztin, »ich seh hier schon genug Fettlebern.« Beleidigt zog ich mein T-Shirt wieder runter.

Etwas mulmig war mir dann doch, als ich mich am Tag der OP morgens im Krankenhaus vorstellte. Grundsätzlich schätze ich es nicht sehr, wenn ich aufgeschnitten werde, wenn es versprochenerweise auch nur drei winzige Löchlein sein sollten, die sie in mich hineinbohren wollten. Ich zog mir die merkwürdigen weißen Anti-Thrombose-Strümpfe an und hängte mir das alberne OP-Schürzchen über den ansonsten nackten Körper. Es half ja nichts. Zum Glück kannte mich hier niemand.

»Ach, der Herr Werning!«, begrüßte der Anästhesist mich, während ich hilflos versuchte, die Bänder von dem albernen OP-Schürzchen festzuknoten. »Das ist ja mal eine Überraschung! Ich komme nämlich regelmäßig zu den Brauseboys!« Meine Stimmung sackte augenblicklich auf den Nullpunkt. Jetzt sollte ich ihm bestimmt ein Autogramm von Paul Bokowski besorgen. Aber von wegen. Denn jetzt sagte er sogar etwas noch Schöneres als »Die Leber ist ja gar nicht so verfettet«. Er sagte nämlich: »Gestern hat mir mein Kollege noch eine SMS geschickt und geprahlt, dass er Paul Bokowski beim Spazierengehen auf der Müllerstraße gesehen habe. Aber das hier ist natürlich noch viel besser: Heiko Werning vor mir auf der Liege, in Thrombose-Strapsen und OP-Hemd. Da wird er vor Neid platzen, der liebe Kollege.«

Allerdings, dachte ich. Was ist schon Paul Bokowski auf der Müllerstraße gegen mich in diesem megascharfen OP-Outfit, bereitwillig flachgelegt auf der Liege! Ich versuchte, den thrombosebestrumpften Schenkel aufreizend aufzustellen. Da setzte er mir die Anästhesie-Maske auf. Das Letzte, was ich denken konnte, war: Na also. Wenigstens einmal noch habe ich Paul Bokowski lässig ausgestochen, da kann der so berühmt werden, wie er will. Mit einem glücklichen Lächeln auf den Lippen fiel ich in die Narkose.

Vom Gang der Dinge

Früher war alles viel einfacher. In den Achtzigerjahren im schönen Westdeutschland. Oder zumindest im schönen Westen Westdeutschlands. Da reichte man sich zur Begrüßung entweder die Hand, das war für nicht näher miteinander bekannte Personen, oder man sagte lässig »Hallo«, das war für Freunde, und wem es an Orientierung mangelte, der sagte auch schon mal gewollt cool einfach nur »Hi«. Das war einfach und gut, die Welt war wohlgeordnet. So wie es auch nur drei Fernsehprogramme gab, nämlich das Erste für die eher Linken, das Zweite für die eher Rechten und das Dritte für die, denen es an jeder Orientierung mangelte. Und nur drei Parteien, die SPD für die eher Linken, die CDU für die eher Rechten und die FDP für die, denen es an jeder Orientierung mangelte. Vorne am Gartentor hing eine einzige große Inbox, der große gelbe Server verteilte die Post genau einmal täglich, und wenn man etwas kaufen wollte, ging man in ein Geschäft und kaufte es.

Doch dann kamen die Computer, die Ostdeutschen und die Privatisierung der Post und haben alles kaputt gemacht. Seither gibt es nur noch ein einziges Chaos. Ich weiß gar nicht, wann und wo das angefangen hat mit den Begrüßungen. Warum sich plötzlich alle umarmten und knuddelten. Oder gar Küsschen hier, Küsschen da. Und auf der anderen Seite gaben sich plötzlich alle die Hand wie bei der Vorstellung einander fremder Menschen, selbst wenn man die engsten Freunde traf. Für mich waren das rätselhafte Bräuche, denen ich irgendwann im Lauf meines ersten Jahrzehnts in Berlin ausgesetzt wurde und die meine allgemeine Verwirrung nur noch steigerten.

Die Sache mit dem Umarmen war mir lange Zeit äußerst unangenehm. Umarmungen waren für mich etwas Intimes. Ich habe zähe Jahre meines noch jungen Lebens in Münster verbracht, bis ich mich endlich getraut hatte, ein Mädchen zu umarmen. Als es dann eines Tages schließlich doch gelungen war, wusste ich gleich, dass es nun ernst wurde: So eine Umarmung war in Westfalen im Grunde schon ein entscheidender Teil der Vorbereitungen zum ehelichen Vollzug. Umarmung, Küssen, Geschlechtsverkehr, Hochzeit – so lauteten die Regeln des gesellschaftlichen »Mensch ärgere dich nicht«-Spiels, und die Frage lautete, wie weit man diesmal kommen würde, bevor man wieder rausgeschmissen wurde.

Es muss irgendwann in den späten Neunzigern gewesen sein, dass man in Berlin plötzlich an allen Ecken und Enden umarmt wurde, als gäbe es kein Morgen. Knuddeln hier, drücken da, schubbern bis zum Dekubitus. Jahrelang habe ich jede noch so zarte Berührung von weiblichen Brüsten ersehnt wie eine Siegerurkunde bei den Bundesjugendspielen, und plötzlich wurden sie mir an jeder Ecke ungefragt an den Oberkörper gepresst, sodass es mir vorkam, als bestünde ihre eigentliche Funktion darin, als Stoßdämpfer zu dienen.

Und dann diese Ungewissheit: Wie kräftig soll man drücken? Darf es überhaupt zu Körperkontakt kommen? Oder wird alles nur angedeutet, und, verdammt noch mal, wohin dabei mit meinem Bauch? Es war ein Elend. Und dann noch diese Küsserei! Sollen die Lippen wirklich die

Wangen berühren oder formt man sie nur zum Kussmund, um letztlich wie ein an Land geworfener Karpfen sinnlos in der Luft zu schnappen? Das alles auch noch in diesem irrsinnigen Tempo! Mir war das nichts. Es müssen die Einflüsse aus dem Süden gewesen sein, die für diese allgemeine Distanzlosigkeit gesorgt haben.

Aber aus dem Osten kam auch nichts Gutes. Die dauernde Händegeberei hatte etwas zwanghaft Neurotisches, selbst Freunde reichten mir zur Begrüßung die Hand, als würden wir gerade erst miteinander bekannt gemacht. Ich stellte mir vor, wie diese Zonis nachts zu ihren Partnern gingen, sich auszogen und dann erst mal über das Bett hinweg feierlich die Hände reichten, vielleicht noch mit einem höflichen »Schön, dich heute hier zu treffen«, bevor sie dann den Geschlechtsakt vollzogen. Wenn die Frau nicht erst zuvor noch den Penis ihres Gegenübers formgerecht schütteln musste, bevor es losgehen konnte.

Heute ist mir das alles egal. Wer will, kann mir die Hand geben, mich herzen, als würde er mich abtrocknen, oder mir gleich in den Schritt fassen. Macht nur, mir ist alles Recht. Ich bin lernfähig. Ich zappe virtuos zwischen 72 Programmen hin und her, ich kenne den Unterschied zwischen einer Jamaika-, einer Kenia- und einer Ampel-Koalition, ich leere alle zehn Minuten meinen Briefkasten, zweimal täglich die analoge Inbox im Hausflur, und ich empfange mehrmals täglich Menschen, die ihre Einkäufe über das Internet und meine Wohnung abwickeln. Alles gut, die Zeiten ändern sich eben.

Aber dass junge Menschen, im Grunde also Gleichaltrige, mich zunehmend in der Kneipe, in der U-Bahn oder auf der Straße einfach so siezen, das macht mich doch allmählich fertig. Ich bin doch einer von euch! Seht ihr das denn nicht? Haben wir dafür damals auf den Flokatis herumgehangen und selbst gestrickte Pullover getragen, um uns jetzt plötzlich wie ein Schalterbeamter von irgendwelchen dahergelaufenen Hipstern siezen zu lassen?

Echte Vertraulichkeit gibt es nur noch mit Paketboten. Die duzen mich alle. Sicher, sie gehören auch zu meinem engsten Umfeld. Immerhin sehe ich sie öfter als die besten Freunde. »Heiko, ich hab da wieder was fürs Haus«, sagen sie, oder auch gerne, »Heiko, nimmste bitte auch was für die 605, da macht wieder keiner auf.« Mach ich natürlich. Wie könnte ich meinen engsten Vertrauten einen Wunsch abschlagen? Dafür höre ich mir doch gern anschließend das Geschimpfe der Nachbarn an, die hartnäckig behaupten, sie seien sehr wohl die ganze Zeit zu Hause gewesen. Was sind das nur für Menschen? Mich siezen und den Paketboten mangelnden Arbeitseifer unterstellen! Würdelos.

Umgekehrt allerdings kommt es doch manchmal auch vor, dass selbst ich unterwegs bin. Dann ist es immer ein spannender Spaß, anschließend die Pakete in der Nachbarschaft einzusammeln. Der DHL-Mann begrüßte mich neulich, ungelogen, mit den Worten: »Heiko, wo warste am Freitag? Da habe ich das Paket für dich vorne bei Jesus abgegeben.« Das hatte ich mir schon längst beim Palmblatt-Café im Vorderhaus abgeholt. Ein bisschen merkwürdig geguckt hat der diensthabende Oberchrist aber schon, als ich ihn den Benachrichtungsschein mit der interessanten Aufschrift vorhielt: »Bitte holen Sie Ihre Sendung am UPS Access Point TM Standort ab: Jesus Christus«. Der DHL-Bote dagegen schreibt auf den Benachrichtigungsschein immer nur »Heiko«.

Neulich musste ich dann in das geschlagene fünf Blökke entfernte Modellbaufachgeschäft gehen, bei dem ich mich schon lange gefragt habe, wer da hingeht. Jetzt ging also ich hin, fragte nach einem Paket für Heiko und wurde von dem älteren Herrn hinterm Tresen misstrauisch beäugt. »Heiko?«, fragte er, »kennen wir uns?« Ob ich ihn umarmen sollte? Oder küssen? Er aber besah sich nur meinen Abholschein, auf dem eben nur »Heiko« stand, murmelte irgendwas vor sich hin und wühlte in dem beeindruckenden Berg an Paketen, die dort herumstanden, um mir meines in die Hand zu drücken, in dem sich irgendwas befand, was ich bestellt hatte, weil ich es sonst ja umständlich in einem Laden hätte kaufen müssen, der vermutlich nur halb so weit entfernt wie das Modellbaugeschäft entfernt liegt.

Auf dem Rückweg nach Hause traf ich die Nachbarin aus der 605 im Flur, die gerade auf dem Weg zurück von meiner Wohnung war, weil sie versucht hatte, ihr Paket bei mir abzuholen. Das gab ein Hallo.

Ich bin ja mal gespannt, wie das alles weitergeht. Der Versandhaushandel wächst beständig, bald wird es zum festen Ritual, dass alle, wenn sie abends nach Hause kommen, erst einmal eine kleine Wanderung um den Block antreten, um ihre Pakete einzusammeln.

Das Kunststück wird darin bestehen, die betreffenden Nachbarn auch in ihren Wohnungen anzutreffen, weil die ja schließlich selbst irgendwo auf der Pirsch nach ihren Paketen sind. Aber immerhin, es wird immer geselliger, von Anonymität der Großstadt kann schon längst keine Rede mehr sein. Vermutlich lernen sich die meisten Paare inzwischen nicht über Tinder, sondern auf Vermittlung des DHL-Boten kennen. »Gehen wir zu dir oder zu mir?« – die Fragen bleiben die alten, nur die Antworten ändern sich mit der Zeit: »Wo stehen denn die Pakete heute?«

Jedenfalls kommen die Menschen einander näher. Man erfährt auch viel über ihre Gewohnheiten. Vorgestern schleppte der DHL-Bote einen besonders eindrucksvollen Stapel von sieben größeren Paketen in meine Wohnung. »Kann ich die bei dir abgeben?«, fragte er pro forma.

Und als er mir den Zalando-Paket-Turm in den Flur stellte, sagte er: »Mensch, endlich wird's Frühling. Die Damen bestellen schon wieder wie bescheuert neue Klamotten!« Ich freute mich. Die Bauernregeln des 21. Jahrhunderts, sie stammen natürlich von den Paketzustellern. Wir umarmten uns herzlich und gaben uns Küsschen auf die Wange.

Jetzt spreche ich aber auch mal mit

Auch die Klasse vom jüngeren Sohn darf mal auf Klassenfahrt. Eine Woche lang sollte es auf einen Bauernhof ins Brandenburgische gehen, wo sie nicht nur Spaß haben, sondern auch ganz praktische Dinge lernen sollten: Wie sieht so eine Kuh überhaupt aus? Wo kommt da die Milch raus? Und wie werden Pommes eigentlich angebaut – so was halt. Darüber wurden wir auf einem Zettel informiert, den wir morgens, als wir die Kinder in der Klasse abgegeben haben, in die Hand gedrückt bekamen. Den sollten wir eine Woche später zurückgeben und darauf vermerken, ob unser Sprössling dabei sein würde. Das klingt doch ganz erfreulich, dachte ich.

»Das geht gar nicht!«, hyperventilierte eine Mitmutter beim Rausgehen im Flur neben mir. Ich schaute sie erstaunt an. Wo denn das Problem sei? »Letztes Jahr ging es doch auch nur in den Grunewald!« »Richtig«, bestätigte ich, »da ist es doch schön, wenn sie jetzt mal woanders hinfahren.« »Aber es war doch schön im Grunewald.« »Richtig. Aber es ist doch auch schön, wenn sie mal woanders hinfahren. Den Grunewald kennen sie nun ja schon.« »Aber es war doch schön im Grunewald!« »Richtig. Schönen Tag noch.« »Außerdem war das nicht so lange im Grunewald!« »Richtig, das waren nur drei Tage. Ist doch schön, wenn sie jetzt auch mal ein bisschen länger wegfahren. Sie sind ja immerhin schon in der zweiten Klasse.« »Außerdem muss man den Kindern doch nicht ständig so ein Dauerbespaßungsprogramm bieten!«»Sie sollen eine Woche zugucken, wie eine Kuh funktioniert. Das ist doch kein Dauerbespaßungsprogramm.« »Aber es war doch schön im Grunewald!« Irgendwie kamen wir hier nicht weiter, dachte ich, außerdem: Was geht mich das überhaupt an? Ich versuchte, die Lage mit einem kleinen Scherz zu entspannen: »Sei doch froh, dass wir die Kröten mal ne Woche vom Hals haben!« Die Mitmutter starrte mich entsetzt an. Dann rief sie: »Das sehe ich überhaupt nicht so! Ich bin gerne mit meinem Kind zusammen!« Au weia, dachte ich. Ihr Zorn war noch nicht verraucht: »Außerdem sind wir überhaupt nicht gefragt worden vorher! Ich will gefragt werden! Das kann man doch nicht einfach über unseren Kopf hinweg bestimmen. Jetzt werden wir hier so unter Druck gesetzt!« »Unter Druck gesetzt? Wir sollen einfach nur sagen, ob unser Kind mitkommt, und wir haben eine Woche dafür Zeit.« »Ja, eben! Voll unter Druck gesetzt! Das kann man doch so nicht machen! Wir brauchen einen Elternabend!«

Einen Elternabend? Um Gottes Willen. Bloß das nicht! Der letzte war gerade mal zwei Monate her, und ich hatte mich mental immer noch nicht vollständig davon erholt. »Wir wollen gefragt werden!«, quakte die Mitmutter weiter, während ich zu meinem Fahrrad ging.

Es war ja nicht alles schlechter früher. Zu meiner Schulzeit wäre kein Mensch auf die Idee gekommen, die Eltern zu solchen Themen auch nur zu befragen, geschweige denn, sie mitbestimmen zu lassen. Aber heute sind wir ja alles mündige Bürger mit einem Mitspracherecht, die bei allem mitbestimmen dürfen. Mitsprache und Mitbestimmung!

Wann immer in der Schule geklärt werden muss, ob der Hausmeister erst die Turnhalle und dann die Mensa fegt oder umgekehrt, sollen wir mitsprechen und mitbestimmen. Welches Essen in der Mensa gereicht wird, wie viele Hausaufgaben wann gemacht werden, ob die Kinder allein oder zu zweit aufs Klo gehen – wir sollen mitsprechen und mitbestimmen. Wofür haben wir eigentlich Lehrer, die für so was bezahlt werden? Die sollen sich was ausdenken und das dann durchziehen, und wenn es den Eltern nicht passt, dann sitzen sie abends am Küchentisch und sagen: »Die alte Dobrin hat sie doch wohl nicht mehr alle.« Das reicht mir an Mitspracherecht vollkommen aus.

Stattdessen soll ich mich jetzt alle naselang mit irgendwelchen wildfremden Leuten abends in einem müffelnden Klassenzimmer treffen, auf lächerlich winzigen Stühlchen herumkippeln, mir die Meinung von Dutzenden Miteltern anhören, die, oft genug, irgendein dummes Zeug meinen und nicht das Richtige (also das, was ich meine), und nach stundenlangen quälenden Debatten sitzt man dann abends zu Hause am Küchentisch und sagt: »Die alte Dobrin hat sie doch wohl nicht mehr alle. Aber wirklich vollständig bescheuert sind die Eltern von Julian, Ayshe, Roger und Ahmed.« Das ist ja wirklich ein ganz großer Fortschritt.

Am Ende wurde dann natürlich ein Elternabend einberufen. Weil zwei Miteltern protestiert haben, müssen 25 anrücken. Von denen sich 20 am Ende an der Debatte nicht beteiligt haben, weil es ihnen erkennbar scheißegal war, wohin die Kinder fahren. Zwei waren für den Grunewald, zwei für Brandenburg, ein Vater schlug völlig unvermittelt »Lutherstadt Wittenberg« vor und wurde dafür von allen anderen sehr kritisch gemustert. »Ich war da mal, ist ganz schön«, murmelte er zu seiner Entschuldigung. Schließlich einigten wir uns darauf, dass alles so bleibt, wie ursprünglich vorgeschlagen. Die Mitmutter, die dagegen protestiert hatte, wurde schließlich eingebunden, indem wir ihren Vorschlag aufgriffen, einen Workshop zum Thema »Bastelarbeiten mit selbst gesammelten Naturmaterialien« anzubieten. »Warst du nicht dagegen, die Kinder mit einem Dauerbespaßungsprogramm zu überlasten?«, flüsterte ich ihr zu. »Das ist doch was ganz anderes«, zischte sie zurück.

Am Ende dann mussten noch neue Elternvertreter gewählt werden. Keiner meldete sich. Dann meldete sich die Grunewald-Fetischistin. Sehr gut, Hauptsache, irgendwer macht's, dachte ich. Jetzt fehlte noch einer. Die Grunewald-Fetischistin schlug mich vor. Ich zuckte zusammen und wehrte panisch ab. Die Lehrerin sagte, wir hätten jetzt aber wirklich genug debattiert heute, und ich hätte ja schließlich die Position vertreten, dass einfach die Lehrer alles entscheiden sollen. Da würde sie dann jetzt gleich mal damit anfangen und entscheiden, dass ich jetzt gefälligst Elternvertreter werde, sie wolle nämlich allmählich mal nach Hause. Ich war sprachlos. »Das ist doch schön«, flüsterte die Grunewald-Fetischistin mir ins Ohr, »da kannst du demnächst überall mitreden und dich einbringen.« Ich durfte gleich damit anfangen und eine Liste führen, wer welchen Kuchen für den Basar zur Teilfinanzierung der Klassenfahrt backen würde.

Mitsprache und Mitbestimmung! Es nimmt einfach kein Ende. Als ich nach Hause kam, klebte ein Zettel an unserer Haustür, auf dem ich aufgefordert wurde: »Engagiere dich als Kiezsprecher!« Es sei ganz wichtig, dass möglichst viele Leute sich »im Kiez einbringen«, damit wir unser »Mitspracherecht wahrnehmen und mitbestimmen«

können. Kiezsprecher! Da weiß ich ja nicht mal, ob es so
was wirklich gibt, oder ob sich das nur wieder irgendwelche unausgelasteten und unterfickten engagierten Bürger
für die langweilige Zeit zwischen dem nächsten Anwohnertreff für die Neugestaltung irgendeines verschissenen
Grünstreifens und der nächsten Vollversammlung der
Interessengemeinschaft »Mehr Frühblüher im Blumenbeet vor dem Südausgang von Karstadt« ausgedacht haben.

Mitsprache und Mitbestimmung! Und natürlich mehr
Bürgerbeteiligung! Alle fordern immer mehr Bürgerbeteiligung. Soll ich Ihnen mal was verraten? Es ist mir
scheißegal, ob das Tempelhofer Feld zur Berliner Serengeti wird, dem mystischen Ort, wo junge spanische oder
amerikanische Touristen den Lachsen gleich hinziehen,
um sich dann dort zu paaren, bevor sie in ihre Ursprungsgebiete zurückkehren, um dort zu sterben, oder ob irgendwer da ein neues Manhattan hinbaut. Ich war da
überhaupt noch nie! Und ich will da auch nicht hin! Hallo?! Das ist in Tempelhof! Natürlich bin ich dann trotzdem zur Abstimmung gegangen. Wegen dem sozialen
Druck. Weil alle es so wichtig finden, dass es mehr Bürgerbeteiligung gibt.

Bürgerbeteiligung, Mitsprache und Mitbestimmung! So
weit ist es nämlich schon gekommen, dass ich mich
ernsthaft bemühe, mir eine Meinung zu bilden über irgendwelche Brachflächen am anderen Ende der Stadt, die
ich niemals betreten werde. Natürlich ist das irgendwie
wichtig, das ist mir schon klar. Aber wichtig sind tausend
andere Sachen auch! Ich will mir aber nicht über jeden
verdammten Straßenverlauf und jede neue Buslinie Gedanken machen müssen. Ich will, dass das Leute machen,
die sich damit auskennen, die wir dafür wählen oder die
wir dafür bezahlen, damit sie sich mit so einem langwei-

ligen Scheiß beschäftigen, der nun mal nötig ist, damit die Dinge laufen, aber womit man doch nicht freiwillig seine wertvolle Lebenszeit verschwendet!

Bürgerbeteiligung, Mitsprache und Mitbestimmung! Haben die eigentlich alle nichts Richtiges zu tun? Ich verstehe das überhaupt nicht: Normale Menschen müssen doch arbeiten, mit den Kindern spielen, die Lederanzüge für das nächste Sadomaso-Sex-Treffen imprägnieren, am Tresen vom Magendoktor die Erinnerung an die letzten dreißig Jahre wegsaufen. Kurz: die müssen leben! Da hat man doch weder Zeit noch Lust, sich dauernd mit irgendeinem Verwaltungsscheiß zu beschäftigen und ohne große Ahnung mit Leuten, die im Zweifel noch weniger Ahnung haben oder noch dümmer sind als man selbst, stundenlang über irgendeinen Quatsch zu diskutieren.

»Aber es ist doch wichtig, dass die da oben nicht einfach über unsere Köpfe entscheiden«, höre ich die Mitsprecher und Mitbestimmer jankern, »es ist doch wichtig, dass sich auch die ganz normalen Bürger einbringen!« Ich aber möchte abends lieber mich in meine Frau einbringen, oder ich will ganz viel Bier in mich selbst einbringen, aber ganz bestimmt will ich mich nicht einbringen in dröge Entscheidungsfindungsprozesse, in die sich im Übrigen ja eben gerade nicht ganz normale Menschen einbringen, sondern halt engagierte Bürger, das Gegenteil also von normalen Menschen, engagierte Bürger nämlich, die einfach am lautesten herumkrakeelen, die durch nichts legitimiert sind als durch ihre schiere Existenz und die Impertinenz, mit der sie meinen, sich mit allem besser auszukennen als die Leute, die dafür da sind, sich damit auszukennen.

»Aber das ist doch Basisdemokratie!«, jammern sie nun im Chor und meinen damit doch nur eine neue Form von Cliquenherrschaft, denn es sind ja doch immer nur dieselben verhaltensauffälligen Neurotiker, die meinen, sich einbringen zu müssen, während der Großteil der Menschen sich aus guten Gründen zurückhält und halt die machen lässt, die dafür da sind. Klar, das ist wahrlich auch nicht perfekt, aber immerhin sind die irgendwie mal von irgendwem gewählt worden. Oder bestimmt worden von Leuten, die mal von irgendwem gewählt worden sind. Während bei den Einbringern und Mitbestimmern immer nur die einbringen und mitbestimmen, die sich selbst dafür auserwählt haben. Im Ergebnis herrscht dann nicht mehr Demokratie und Mitbestimmung, sondern weniger, weil diejenigen, die sich überall einbringen und mitbestimmen eben vor allem jene sind, die Zeit und Ressourcen für so etwas haben, privilegierte Wohlstandsbürger mit notorischem Querulantendrang, die einfach lauter und lästiger sind als andere und mit diesen 1a-Nervbolzen-Primärtugenden ihre Privatanliegen durchdrücken, sich dabei aber auch noch als idealistische Vorkämpfer für eine bessere Gesellschaft fühlen und letztlich doch nur dafür sorgen, dass vor ihrem Fenster kein Baum zu viel Schatten auf das in 8-mm-Stäbchen im englischen Verband verlegte Vollholzparket in Eiche in ihrer Turn-of-the-century-Loft-Etage wirft. Mitsprache und Mitbestimmung, pah!

»Aber in der Schweiz funktioniert das doch auch ganz prima«, rufen die engagierten Bürger nun, als sei das ein Gegenargument und nicht etwa die Bestätigung meiner Ausführungen. Genau, in der Schweiz funktioniert das nämlich auch ganz prima. Da kann jeder darüber mitentscheiden, wer in seinem verdammten Kuhkaff ein Haus bauen darf und wer nicht. Und wenn der nicht die richtige Hautfarbe, Religion oder Nase hat, dann darf er eben nicht, damit die Kuhkafftrottel weiter mit den anderen Kuhkafftrotteln unter sich bleiben können. Die Schweiz, das Land, das sich einen geradezu unanständigen Wohlstand dadurch geschaffen hat, indem es an praktisch jedem Verbrechen auf der Welt kräftig mitverdient. Das bringt so viel Kohle, da hat man natürlich dann auch Zeit dafür, überall mitzureden. Da hat man sogar so viel Zeit, dass man nicht nur überall mitreden kann, sondern dass auch noch in einem Tempo tut, bei der selbst ein Faultier ermattet vom Baum rutschen würde.

Wie mir das alles auf die Nerven geht! Ich glaube, ich bringe mich da jetzt mal ein. Ich gründe eine Bürgerinitiative gegen die ganzen Bürgerinitiativen, ich will mitbestimmen gegen mehr Mitbestimmung. Ich schlage vor, wir treffen uns nächste Woche im Bürgersaal im Rathaus Wedding. Für Kaffee und Schnittchen ist gesorgt. Engagiere auch du dich, denn es geht schließlich und letztlich um unser aller Zukunft!

Schwein gehabt

Ich hätte ja lieber Getränke ausgegeben. Aber meine Frau hatte mich in die Helferliste für das Schulfest eingetragen, weil ich ja sowieso immer zu Hause bin und das dann auch noch Arbeit nenne, während sie ihr Geld richtig verdienen muss, also mit Zur-Arbeit-Fahren und so, wie sie immer mal wieder beklagt, worauf ich mich stets verteidige: »Dann hättest du halt nichts Anständiges lernen müssen! So wie ich!« Aus Rache hat sie mich jetzt zur Betreuung des Wurststandes eingetragen. Und so stand ich nun von Kohlerauch- und Wurstwasserdampfschwaden umwabert dort herum und hatte die ehrenvolle Aufgabe, die Würste zu wenden und sie vor dem Schwarzwerden rasch in ein aufgeschnittenes Brötchen zu pressen. Ich war qua Abstammung für den sogenannten Schweinegrill zuständig. Am Grill nebenan mit den Halal-Produkten wachte Mesut. Die Kinder standen in einer langen Schlange an, dann kamen sie erst zu mir und bei Bedarf danach zu Mesut. Ungefähr jedes zweite fragte: »Ist das mit Schwein?« und wurde routiniert von mir nach rechts verwiesen. Wir grillten also in friedlicher interkultureller Koexistenz, wie es sich für eine Weddinger Grundschule geziemt.

Wobei sich für die Zukunft allerdings schon die neuen Problemlagen auch in der Schule abzeichnen. »Ist das mit Fleisch?«, fragte ein Junge mich, und nachdem ich schon zweidutzendmal die hungrigen Inhaltsstofffetischisten nach rechts verwiesen hatte, war der Ablauf mir inzwischen so sehr in, nun ja, Fleisch und Blut übergegangen, dass der Junge schon bei Mesut stand, als mir erst die eigentliche Bedeutung der Frage aufging. »Die Würstchen sind ohne Fleisch?«, vergewisserte der Kleine sich noch einmal, und Mesut beschwichtigte: »Natürlich, mein Junge. Die sind absolut halal.« Beruhigt griff der Kleine zu, zog mit seiner Beute freudestrahlend zu seiner hinter der Schlange wartenden Mutter und verkündete ihr triumphierend: »Siehste, die haben wohl Vegan!« Dann biss er beherzt zu. Mesut lächelte. »Dir ist aber schon klar, dass das nichts mit Islam zu tun hatte, oder?«, flüsterte ich ihm zu, und er grinste mich an: »Na klar, aber ich finde, wir müssen auch nicht auf jede exotische Religion Rücksicht nehmen. Außerdem habe ich mal so Veganwürstchen gegessen, die schmecken wirklich genauso. Und sind ja auch halal. Alles gut also.«

Gar nicht gut war allerdings, dass uns nun die Würstchen ausgingen, und zwar die mit Schwein ebenso wie die ohne. Der Wursthunger der Kinder war erheblich größer gewesen, als die Schule angenommen hatte. Ein Lehrer hatte, als das Debakel absehbar wurde, versprochen, sich um Nachschub in den Geschäften der Umgebung zu kümmern, war aber noch nicht zurückgekehrt. Wir hatten nun also die sehr undankbare Aufgabe, den wartenden Kindern zu erklären, dass vorerst Schluss mit Wurst war. Die zwei kleinen Mädchen, die als nächste dran gewesen wären, schauten uns sehr traurig an. »Wir warten schon so lange! Schon zum zweiten Mal! Vorhin gab's auch schon mal keine Würste ohne Schwein mehr, da habt ihr gesagt, wir sollen gleich wieder kommen«, jammerten sie, »und jetzt wieder nichts, das ist ungerecht!« »Kein Problem«, sagte Mesut, »Herr Hoppe holt gerade neue. Dann kommt ihr gleich einfach direkt zu uns nach vorne und müsst euch nicht wieder anstellen, OK?« Wirklich glücklich wirkten die beiden nicht, als sie abzogen, aber immerhin: ein bisschen getröstet waren sie.

Es dauerte dann noch eine quälende Viertelstunde, bis der Würstchennachschub endlich eintraf. Und dann das: Alle Würste waren mit Schwein. »Es gab nichts Halales in der Umgebung«, verteidigte Herr Hoppe sich, »alles ausverkauft.« Die Schweine sind also der Ladenhüter, dachte ich, irgendwie auch traurig. Da sind sie nun schon für uns gestorben, und dann will sie trotzdem keiner mehr haben. Aber nun galt es, den eher unschön blassen Würstchen zu gesunder Bräune zu verhelfen. Damit das schneller ging, wollte ich sie auf beide Grills verteilen, was Mesut aber vehement ablehnte: »Nein, der Grill ist halal, da darf kein Schwein drauf.« »Der Grill selbst auch? Aber – wir können den doch ordentlich abspülen hinterher. Außerdem wird der doch sowieso glühend heiß! Da verdampfen alle Schweinemoleküle. Restlos. Der ist total schweinfrei am Ende.« »Nein«, blieb er kategorisch, »der Grill ist dann unrein. Da kann man nie wieder halal drauf grillen. Nicht mal vegane Würstchen.« Verdammt, ein islamischer Fundamentalist. Ob ich den Verfassungsschutz informieren müsste? Ich sah auf die lange Schlange hungriger Kinder vor uns und seufzte. Dann eben nur mit halber Grillkapazität, während Mesut die Wartenden warnte: »Jetzt nur noch Würstchen mit Schwein.« Eine ganze Reihe von Kindern zog enttäuscht aufheulend ab.

Als nur noch zwei letzte Würste auf dem Grill lagen, standen sie plötzlich wieder vor mir: die kleinen Mädchen von vorhin. An die hatte ich überhaupt nicht mehr gedacht. »Oh nein, sind wir zu spät?«, fragten sie ängstlich, sahen dann aber die zwei Würste vor sich hin brutzeln und freuten sich: »Oh, sind das unsere? Ihr habt sie extra für uns aufgehoben?« Alle Entbehrungen des Nachmittags waren vergessen, die hatten sie sich nun wirklich redlich verdient, in freudiger Erwartung hielten sie mir ihre Essensmarken vor die Nase. Mesut baute am anderen Ende bereits den Stand ab. Ich schluckte. Konnte ich die beiden wirklich schon wieder enttäuschen? Zweimal hatten sie ewig in der Schlange gewartet, zweimal waren sie bitterlich enttäuscht worden. Nun lagen hier die allerletzten köstlich duftenden und perfekt gebräunten Würstchen vor ihnen, auf die sie sich die ganze Zeit gefreut hatten, und ich durfte sie ihnen nicht ausgeben wegen irgendwelcher abstruser religiöser Vorschriften? Ich meine: Das ist doch sowieso alles Humbug. Ich bin zwar gebürtiger Katholik, aber im Grunde ungläubig. Mein Verständnis für diesen ganzen abergläubischen Zirkus hält sich daher arg in Grenzen. Natürlich, Toleranz ist wichtig. Wenn irgendwer kein Schwein essen oder keinen Alkohol trinken oder keinen Sex haben will, weil er sich einbildet, irgendein höheres Wesen habe ihm das untersagt – mir egal, seine Sache. Aber erstens: Diese Kinder hatten sich das ja nicht selbst ausgesucht. Und zweitens: Schwein ist auch gar nicht giftig. Auch für Moslems nicht. Ihnen wird nicht schlecht davon, sie kriegen keine Pickel, und es wird auch kein Blitz vom Himmel fahren und ihnen die Wurst aus der Hand schlagen. Entscheidend ist beim Glauben doch nur – nun ja: der Glaube eben. Wenn sie glauben, Schwein ist verboten, OK. Wenn sie aber glauben, das, was sie essen, sei gar kein Schwein – dann ist doch eigentlich auch alles OK. Dann ist es im Grunde ja gar kein Schwein. Die Wurst wird doch sozusagen erst dann zum Schwein, wenn der Wurstkonsument glaubt, es sei Schwein. So wie das Esspapier auch erst dann zum Leib Christi wird, wenn der

Katholik glaubt, der Pfarrer habe es gerade dazu verwandelt. Der Hostie aber ist's einerlei, die bleibt Hostie. Und die Wurst bleibt Wurst und damit lecker, das Schweinsein spielt also nur auf einer spirituellen Ebene eine Rolle, überlegte ich so vor mich hin, es hat gar nichts zu tun mit diesem Ding, was da auf unserem Rost lag und so lecker duftete und das sehnsüchtige Begehren der beiden Kinder weckte. Geschmacklich konnten die das niemals unterscheiden, da war ich mir sicher. Diese Würste schmecken ja sowieso nur nach Rauch und Grillgewürzen. Zumal noch eine halbe Flasche Ketchup drauf kommen würde. Sollte ich jetzt also den beiden Kindern den Nachmittag und das gesamte Schulfest verderben für etwas völlig Irreales? Was sollte denn bitteschön passieren? Mesut war gerade auf der anderen Seite des Standes damit beschäftigt, Pappkartons zusammenzufalten, der Einzige, der den Betrug bemerken könnte, wäre Allah höchstselbst, und ich war sicher, dass der dicht hält.

Andererseits: Könnte ich danach meinen andersgläubigen Mitmenschen noch guten Gewissens unter die Augen treten? Machte ich mich nicht gemein mit der üblen Anti-Islam-Hetze überall, wenn ich mich nun einfach über ihre Glaubensgrundsätze hinwegsetzte und sie für belanglos erklärte? Ich könnte, so überlegte ich, zum Ausgleich anschließend wenigstens ein paar AfD-Plakate abreißen, um mein Karma wieder ins Gleichgewicht zu bringen. Aber irgendwie schaffte ich es nicht. Warum gab ich ihnen nicht einfach die Wurst, zumal sie mich mit immer größeren Augen inzwischen geradezu flehend anschauten. »Das sind doch die Würstchen für uns, oder? Die ohne Schwein?«, fragte das eine Mädchen nochmal eindringlich, und es zerbrach mir das Herz. Aber es half ja nichts. Ich holte tief Luft, um ihnen das Unheil zu verkünden, da stand Mesut plötzlich neben mir und sagte: »Na klar, hier. Mit Ketchup?« Und während ich noch fassungslos und wie gelähmt daneben stand, nahm er schon die Plastikflasche, ließ es ordentlich protschern und drückte den glücklich strahlenden Kindern ihre Würstchen in die Hand.

Als sie davongezogen waren, sagte Mesut: »Manchmal muss man eben flexibel sein. Ich bin sicher, die waren halal. Allah selbst hat sie halal gemacht, ganz bestimmt. Allah ist gütig und allmächtig.« Ja, ganz sicher, stimmte ich ihm zu. Für den einen sind sie vegan, für den anderen halal, für den dritten gute deutsche Schweinewürstchen. Und letztlich sind es ja sowieso alles nur Kohlenstoffketten. Mit einem Gott oder einem Allah jedenfalls, der so etwas zuließ, konnte ich mich durchaus anfreunden. Um ihn noch ein bisschen gnädiger zu stimmen, würde ich, so nahm ich mir ganz fest vor, in der Nacht trotzdem noch ein paar AfD-Plakate abreißen gehen. Für eine bessere Welt.

Requiem
auf das Müllerstraßenfest

Das Müllerstraßenfest im Berliner Wedding findet nach 25 Jahren nicht mehr statt. Etwa drei Mal im Jahr wurde bislang dafür die Müllerstraße zwischen Leopoldplatz und U-Bahnhof Seestraße an einem Wochenende für den Autoverkehr vollständig gesperrt. Auf den Fahrbahnen wurden dann Stände mit allem aufgebaut, was das durch Alkoholkonsum und ungesunde Ernährung verfettete Herz eben so begehrt: Billig-Textilien, Billig-Krempel, Billig-Musik, Billig-Bier, dazwischen billige Kinderbespaßung. Eine Orgie des schlechten Geschmacks also, ein Fest für Weddinger eben. Ich bin mit den Kindern immer gerne hingegangen.[*]

Das Kiezblatt *Berliner Woche* schreibt dazu, »die zur Billigmeile verkommene Straßenparty« sei »verboten« worden, weil »ein Kriterium [für die Genehmigung] ist, dass die Veranstaltungen im öffentlichen Interesse sein müssen. Dies ist aber beim Müllerstraßenfest schon lange nicht mehr der Fall.« Die *B.Z.* grübelt:»Kiezfeste sollen Spaß machen, die Anwohner einbeziehen und den Bezirk am besten noch berlinweit in ein gutes Licht rücken. Beides scheint beim Müllerstraßenfest nicht mehr gegeben.«

---

[*] Beschrieben habe ich so einen Besuch in der Geschichte »Müllerstraßenfest« in meinem Buch »In Bed with Buddha«.

Abgesehen davon, dass sie bei der *B.Z.* offenbar nicht mal bis drei zählen können – *nicht mehr* im öffentlichen Interesse? Zur Billigmeile *verkommen*? Rückt den Bezirk *nicht mehr* in ein gutes Licht? Ich kenne das Müllerstraßenfest praktisch seit seiner Gründung, denn genau so lange wohne ich direkt vor seinen Toren.

Viele jammern ja, dass alles immer schlechter werde in dieser Welt, das Fernsehen und die Tomaten, die Jugend, die Star-Wars-Filme und die Lebensdauer der Waschmaschinen – mag alles sein. Eines aber kann ich versichern: Das garantiert Einzige, was wirklich niemals auch nur ein Quentchen schlechter geworden ist, weil es nämlich immer schon genau so furchtbar war, wie es nun einmal ist, ist das Müllerstraßenfest.

Zweieinhalb Jahrzehntelang hat das niemanden gestört. Erst jetzt wird es plötzlich zum Problem. Aber wenn die Problemanalyse bereits mit so einer dreisten Lüge beginnt, indem der Eindruck vermittelt wird, hier gehe etwas vor die Hunde, das dort in Wirklichkeit immer schon lag, dann ist höchstes Misstrauen angebracht. Nicht das Fest nämlich hat sich so verändert, dass es nicht mehr zum öffentlichen Interesse passt, sondern das öffentliche Interesse hat sich so verändert, dass das Fest nicht mehr zu ihm passt. So läuft er eben, der Klassenkampf von oben. Jetzt, wo das hier nicht mehr Ghetto sein soll, sondern beste Innenstadtlage, muss das prekäre Weddinger Menschenmaterial bitte mal fix aus dem Bild treten. Seine Bratwurst-, Bier- und Restposten-aus-Paris-für-3-Euro-Stände kann es doch bitte schön auch irgendwo in Marzahn oder Spandau aufstellen, da stört es wenigstens keinen.

»Wir können auf die Ausgestaltung und Qualität der Straßenfeste keinen Einfluss nehmen. Wir wollen auch gar nicht im Sinne einer Geschmackspolizei oder einer

Zensur tätig werden«, sagt Carsten Spallek von der CDU. Weshalb er als für das Ordnungsamt Mitte zuständiger Bezirksstadtrat das Fest nun de facto verboten hat, indem er dafür sorgte, die Müllerstraße in einen sogenannten »Positiv-Negativkatalog für besonders geschützte Orte im zentralen Berlin« aufzunehmen, an denen Veranstaltungen nur noch bei öffentlichem Interesse stattfinden können. Positiv-Negativkatalog!

Es werden Menschen dafür bezahlt, sich solche Bezeichnungen ausdenken! Ziel sei es, »die Müllerstraße attraktiver zu machen. Diesem klar formulierten öffentlichen Interesse dienen die Straßenfeste nicht, sie stehen ihm sogar entgegen.« Und noch einmal, weil es so schön war, das Zitat zuvor: »Wir wollen nicht im Sinne einer Geschmackspolizei oder einer Zensur tätig werden.« Eine bezaubernde Logik: Weil wir nicht im Sinne einer Geschmackspolizei oder einer Zensur tätig werden wollen, verbieten wir das Fest, weil es so geschmacklos ist. Das wäre noch dem besoffensten Müllerstraßenfestbesucher nachts um zwölf zu peinlich, derartig dummdreisten Quatsch vor sich hin zu lallen.

Die ehemalige Veranstalterin Monika Nareyka verteidigt das bisherige Erscheinungsbild des Festes mit einer nüchternen Lageeinschätzung: »Da kann man kein Niveau reinbringen, gehobenes Kunsthandwerk und eine Gourmetmeile funktionieren in der Müllerstraße nicht.« Sicher hätte das Müllerstraßenfest wieder eine Chance, wenn dort statt Separatorenfleischresten, mit Alkohol versetzten Industrieabwässern und von Säuglingen aus Bangladesch zusammengespeichelten Synthetik-Tangas demnächst endlich handgeschrotete Bio-Wachtelwürste, vegane Litschi-Macadena-Smoothies und von erleuchteten Schamaninnen bei Vollmond aus Yak-Haarspitzen gehäkelte Regenbogenschals angeboten würden. Denn zumindest eines wäre all das dann ganz bestimmt nicht: billig. Und schon könnten wir wieder drüber reden, wetten?

Andererseits: Da Carsten Spallek ja bei der CDU ist, könnte man womöglich darauf hoffen, dass seine Ansichten auf Dauer bundesweiter Konsens werden. Denn laut *B.Z.* ist es so: »Anwohner und Geschäftsleute würden die Vermüllung und Probleme mit dem Lieferverkehr beklagen, sagte Spallek weiter. Auch der öffentliche sowie große Alkoholkonsum dürfte bei den Überlegungen eine Rolle spielen.« Denn seien wir ehrlich: Feste, die zu großem öffentlichen Alkoholkonsum, Vermüllung und Problemen mit dem Lieferverkehr führen, die gehören ganz einfach nicht zu Deutschland! Nimm dies, Kölner Karneval! Pack schon mal ein, Münchener Oktoberfest! Bleibt zu Hause, Berlinbesucher aus aller Welt!

Unlängst hat irgendein anderer CDU-Hansel das Verbot des nächtlichen Verkaufs von Alkohol an Spätkaufs und Tankstellen vorgeschlagen, während die Grünen zeitgleich weiter reichende Regulierungen der Hundehaltung fordern sowie verbesserte Lärmschutzvorschriften, mit denen sie noch mehr Clubbetreiber zum Aufgeben zwingen und junge Menschen von den Straßen und Brücken der Stadt vertreiben können. Von all den Vorschlägen zu klimagerechter Ernährung, Krankenkassenzuschlägen für renitente Übergewichtige und Rauchverboten bis hin zum heimischen Teekessel mal ganz zu schweigen.

In der ganzen Debatte wurde aber noch nirgends die Frage gestellt, warum eigentlich so viele Leute so dermaßen versessen darauf sind, allerbilligsten Plunder zu kaufen und Dreck in sich hineinzustopfen, so viele Leute jedenfalls, dass es sich für die Anbieter offenbar mehr lohnt, allerbilligsten Plunder und mäßig essbaren Dreck anzubieten statt »gehobenes Kunsthandwerk und eine Gourmetmeile«. Woran das wohl liegen könnte?

Gleichzeitig hat der Bezirk Mitte jetzt Teile des Weddings unter Milieuschutz gestellt. Dafür wurde eine »soziale Erhaltungsverordnung« erlassen. Eine soziale Erhaltungsverordnung! Aber wie genau soll der soziale Erhalt verordnet werden? Laut *Berliner Woche* so: »In solchen Milieuschutzgebieten kann dann der Bezirk zum Beispiel den Einbau von Fußbodenheizungen und Innenkaminen verbieten, oder Hauseigentümer dürfen keinen zweiten Balkon und keine Gästetoilette einbauen.« Das sollte klappen. Keine Fußbodenheizung, keine Gästetoilette – damit sind ja praktisch alle draußen, die uns im Wedding Wohnraum wegschnappen könnten. Denn wer will schon in einer Wohnung ohne Innenkamin leben? Und dann auch noch ohne zwei Balkone? Sollen dann demnächst Raucher und Nichtraucher etwa auf demselben Balkon stehen, oder was? Das mag doch niemand seinen Gästen zumuten, erst recht nicht, wenn es nicht einmal eine Gästetoilette gibt. Wenn sie dann auch noch den Einbau von Whirlpools, Heimsaunen und Hubschrauberlandeplätzen auf dem Dach verbieten, bleiben wir im Wedding auch in Zukunft garantiert ungestört unter uns.

Ich mochte das Müllerstraßenfest ja auch nicht, obwohl ich da öfter hingegangen bin, weil es halt nun einmal vor der eigenen Haustür herumstand. Wenn wir allerdings alles verbieten würden, was ich nicht mag, dann würde die Welt ein wüster und leerer Ort. So wüst und leer, wie es im Kopf von Spallek & Co. offenbar schon lange aussieht. Und das kann doch wirklich niemand wollen.

Der Bruch

Die SMS der Nachbarin kam direkt nach der Lesebühnen-Show. Bei mir sei eingebrochen worden, die Tür zur Wohnung stünde offen. Da das Schloss beschädigt sei, habe sie sie nicht richtig zumachen, sondern nur anlehnen können. Sie müsse aber jetzt los zur Arbeit und könne sich nicht weiter darum kümmern. Ich solle rasch nach Hause kommen.

Verdammt. Ein Einbruch. Viel ist bei mir nicht zu holen, wenn die Täter kein gesteigertes Interesse an eher ungewöhnlichen lebenden Reptilien oder Riesen-Kakerlaken hatten, die ich bei mir zu Hause halte. Aber ein Laptop eben doch, und schlimmer noch: darauf alle möglichen Daten. Selbstverständlich habe ich keine ordentliche Datensicherung. Und wer weiß, ob sie die externe Festplatte nicht auch erwischt haben. Nicht auszudenken. Ich bestellte erst einmal etwas zu trinken. »Was, willst du nicht sofort los?«, fragten die besorgten Kollegen, aber ich winkte ab. Die Chance, dass direkt nach dem Bruch gleich wieder jemand komme und einbreche, sei ja nun dermaßen verschwindend gering, dafür lohne es nicht, jetzt auf das Freibier zu verzichten. Dafür machen wir das alles hier doch schließlich. Insgeheim aber war es wohl eher so, dass ich erstens einfach vor der sich anbahnenden Katastrophe Angst hatte und das Unausweichliche lieber noch etwas aufschieben wollte, zweitens den

Schock noch ein wenig verarbeiten musste, und drittens auch ein wenig in Sorge war, ob die Einbrecher womöglich noch vor Ort sein könnten, es wäre mir nämlich trotz allem erheblich lieber, sie wären schon wieder weg.

Ich selbst hatte zum Glück bislang noch keine Erfahrung mit Einbrechern, aber dass das kein Spaß ist, die in der Wohnung anzutreffen, war mir schon klar. Meine Mutter, die in Münster wohnt, versteht sich so gut mit einem Paar aus der Nachbarschaft, dass die beiden längst einen Schlüssel von ihrem Haus haben, unter anderem, weil sie allerhand Dinge in ihrem Keller einlagern. Als meine Mutter nun vor einiger Zeit im stolzen Alter von 85 Jahren nach Hause kam, hörte sie ein Rumpeln und Rascheln in der Küche, nachdem sie die Haustür aufgeschlossen hatte. Sie freute sich in der Annahme, dass die Nachbarn gerade da seien, und rief fröhlich scherzend laut ins Haus hinein: »Na, ihr Einbrecher! Jetzt habe ich euch aber erwischt!« Und hat damit, ein kleiner Trost immerhin, den wirklichen Einbrechern vermutlich den Schock ihres Lebens versetzt. Keinerlei Furcht zeigend steuerte meine Mutter erwartungsvoll lachend auf die beiden Gestalten zu, die schreckstarr in der Küche standen. Wahrscheinlich dachten sie, dass die hutzelige kleine Oma mit dem Rollator, die da auf sie zu rumpelte, über Wunderkräfte oder doch wenigstens eine Panzerfaust verfügen musste, die sie gleich auf sie richten werde. Da meine Mutter altersgemäß nicht mehr so ganz astrein sieht und hört, erkannte sie ihren Irrtum zunächst auch gar nicht und ließ von ihrem Plan, die Gäste freudig zu umarmen, nicht ab. Die daraufhin dermaßen Panik ergriff, dass sie es vorzogen, statt die alte Frau einfach zu überrennen oder hochzunehmen und an den Kleiderhaken der Garderobe im Flur zu hängen, aus dem Fenster zu springen. Da erst dämmerte es meiner Mutter, was eigentlich los war. Im Nachgang aber war sie von dem Vorfall so verschreckt, dass sie ein wenig Angst bekam, so allein in ihrem Einfamilienhaus. Das ist es nämlich, was diese Arschlöcher vor allem anrichten.

Ich hatte zunächst große Sorge, dass meine Mutter sich nach diesem Vorfall nicht mehr wohl in ihrem Haus fühlen würde, aber da hatte ich sie zum Glück unterschätzt. Sie kaufte sich einfach ein Fahrradschloss und hängte das ans Gartentor als zusätzliche Sicherung. Ein Kinder-Fahrradschloss, ein richtiges war ihr zu teuer. Jetzt kann nicht mehr jeder von draußen einfach das Tor öffnen, sondern muss nun immerhin über den etwa einen Meter hohen Zaun hüpfen, um auf das Grundstück zu gelangen. Ich verzichtete auf Belehrungen, wie idiotisch dieser Schutz ist, obwohl mit hoher Sicherheit ich der Einzige bin, der von dieser Maßnahme jemals betroffen sein wird. Nur ich bin so unsportlich, dass ich über den blöden Zaun wirklich nicht einfach rübersteigen kann und jetzt immer warten muss, bis meine Mutter rausgeruckelt kommt, um mir aufzumachen, wenn ich sie mal besuche.

Und jetzt also ein Einbruch bei mir. Es half ja nichts, letztlich musste ich nach Hause und mich der Problemlage stellen. Sicherheitshalber klingelte ich erst ein paarmal von außen, um den Einbrechern die Chance zu geben, abzuhauen, falls sie sich nach getaner Arbeit erst mal kurz hingelegt hatten. Man weiß ja nie, auch wenn Frau Nachbarins Nachricht inzwischen wohl zwei Stunden her war. Etwas bescheuert kam ich mir dann besonders in dem Moment vor, als ich, mit weichen Knien und klopfendem Herzen, an meiner eigenen Wohnungstür stand, wild daran herumklopfte und laut rief: »Na, ihr Einbrecher! Jetzt habe ich euch aber erwischt!« Aber man soll Familientraditionen schließlich hochhalten.

Wenig überraschend aber waren keine Diebe mehr da.

Ich betrat die Wohnung. Mir wurde schlecht. Mein Computer! Meine Fotos von all den Reisen! Meine Texte! War dies heute der erste Tag eines neuen Lebens? Würde ich künftig eine Kneipe aufmachen? Oder doch noch zu Ende studieren? Oder gleich morgen Hartz IV beantragen? Mit Tränen in den Augen tastete ich mich in die Wohnung – und konnte es kaum glauben. Auf meinem Schreibtisch stand völlig unangetastet mein Laptop. Die Festplatten waren auch da. Genau genommen deutete überhaupt nichts außer dem aufgebrochenen Schloss darauf hin, dass Einbrecher in der Wohnung gewesen sein könnten. Sie schienen reingekommen zu sein, sich kurz umgeguckt zu haben, um dann gleich wieder abzuhauen. Ich musste mich erst mal hinsetzen.

Nachdem ich meine erste unbändige Freude überstanden hatte, wurde ich allerdings nachdenklich. Warum zum Teufel haben die nichts mitgenommen? Ich meine, gut: Es sah durchaus ein wenig chaotisch aus in der Bude. Meine Frau war mit den Kindern vor einer Woche zu den Großeltern gefahren und würde erst am nächsten Tag zurückkommen, und da war ich in ein paar alte Junggesellengewohnheiten zurückgefallen. Kurz: Ich war auf Besuch einfach nicht eingerichtet. Aber war es wirklich so schlimm, dass nicht mal Einbrecher reinkommen mochten? Waren die sich zu fein für meine Wohnung? Oder hatten sie nach erster Sichtung beschlossen, dass es einfach nicht lohnt, hier irgendwas mitzunehmen? Gut, der Computer ist schon ein bisschen älter, aber echt jetzt? Zu schäbig, als dass er es wert wäre, geklaut zu werden? Ich merkte, dass ich mich zunehmend beleidigt fühlte. Und trotzig. Dann eben nicht, dachte ich, dann geht halt woanders klauen, ihr Snobs!

Oder hatte sie irgendetwas anderes in meiner Wohnung verschreckt? Dabei haben wir nicht mal einen Hund oder so etwas. Nur völlig harmlose Tierchen, die zudem alle sicher verschlossen in Terrarien leben. Ich schaute mich um: Die beiden Schlangen meiner Kinder krochen vergnügt durch ihr Terrarium und züngelten mir fröhlich entgegen. Die daumendicken Fauchschaben im Becken daneben raschelten zu Dutzenden über den Boden und fauchten halt ein bisschen vor sich hin. Meine inzwischen untertassengroßen Giftkröten saßen in ihren Wasserschalen und quakten vergnügt. Und meine Wüstenleguane hingen entspannt in ihren künstlichen Felsspalten und blinzelten müde in das Wohnzimmerlicht. Merkwürdig, dachte ich. Was hatte die Einbrecher bloß so verschreckt? Sah doch eigentlich alles aus wie ein ganz normaler Weddinger Haushalt!

Also doch kein neues Leben. Computer noch da, Texte noch da, Bilder noch da. Ich konnte einfach so weitermachen wie bisher. Seltsam, irgendwie spürte ich eine leichte Melancholie bei diesem Gedanken. Vielleicht wäre das ja die Gelegenheit gewesen, jetzt, mit Mitte vierzig, doch noch mal ganz neu durchzustarten. Wer weiß, ob sie sich jemals wieder bieten würde. Von allein würde ich mich garantiert nie zu einer Änderung aufraffen. Jetzt würde alles einfach so weitergehen.

Etwas deprimiert begann ich, meinen Rechner hochzufahren. Routiniert würde ich eine kleine Geschichte über den Vorfall schreiben. Und mir morgen vielleicht ein Fahrradschloss kaufen. Fragt sich bloß, wie ich das an der Haustür befestige.

Der Blick in den Spiegel

Eigentlich hatte ich mich mit meiner Umgebung ganz gut arrangiert. Klar, der Wedding ist immer mal ein bisschen anstrengend, und man sorgte sich ein wenig wegen der immer wieder verbreiteten Angst vor einer Ghettoisierung, aber für uns persönlich war alles immer recht angenehm. Man hatte sich auch daran gewöhnt, dass alle paar Monate irgendein verwirrtes Stadtmagazin den Wedding zum kommenden Trendbezirk ausrief, konnte sich darüber lustig machen, und gut war's. Während der Rest der Stadt über Hipster und spanische Touristen klagte. Bis plötzlich neben uns eine Hipster-Kneipe aufmachte und bei uns im Haus ein spanisches Pärchen einzog.

Seither fürchten wir bei jedem Schreiben der Hausverwaltung, dass nun die Luxussanierung droht. Sicher, sie will uns in Sicherheit wiegen. Sie täuscht ausgesprochen geschickt völlige Unfähigkeit vor, sodass man ihr nicht einmal zutraut, kleinere Reparaturen oder pflegerische Maßnahmen im Haus durchführen zu lassen. Als es beispielsweise neulich geschneit hat, war natürlich niemand morgens zur Stelle, der vorschriftsmäßig den Weg im Innenhof oder den Bürgersteig vor dem Haus geräumt oder dort gestreut hätte. Alles andere hätte uns auch nur noch nervöser gemacht. Denn so läuft es doch: Erst fängt jemand an mit dem Schneeschippen, und dann bauen sie einen Carport mit Auto-Aufzug ins Haus.

Wir waren also durchaus etwas erleichtert, als, ungelogen, ein Mann von der Hausmeisterserviceagentur exakt zwei Tage nach dem Schneefall bei uns auftauchte, um zu streuen. Und zwar exakt an dem Tag, an dem es so warm wurde, dass fast alles schon wieder weggetaut war. »Was machen Sie denn da?«, fragte ich den Mann durch das Fenster meines Arbeitszimmers im Erdgeschoss, durch das ich den Innenhof akribisch im Blick behalte. »Wonach sieht's denn aus?«, fragte der Mann zurück. »Es sieht so aus, als würden Sie hier streuen«, antwortete ich wahrheitsgemäß. »Sehense, was fragense denn dann?« »Aber es ist doch schon alles weggetaut! Es sollen acht Grad werden heute! Hier ist in einer Stunde kein einziger Eiskristall mehr, nüscht. Das war gestern!« »Aber gestern war das Haus nicht auf dem Streuplan.« »Aber heute nutzt es nichts mehr zu streuen!« »Hörnse, lassense mich mal in Ruhe meine Arbeit machen. Heute steht das Haus auf dem Streuplan. Und sehnse, hier ist sogar noch ein Eisplacken. Stellnse sich vor, da rutscht jetzt jemand drauf aus, dann ist hier die Hölle los, wenn wir nicht gestreut haben. Und jetzt haltense mir ma nich länger uff, sonst ist alles weggetaut, bevor ich fertig bin.«

Seither liegt der gesamte Innenhof voll mit diesen blöden Steinchen, die man dann dauernd in die Wohnung schleppt und die man sehr schmerzhaft bemerkt, wenn man in Socken herumläuft und drauftritt. Das tut zwar saumäßig weh, aber man wird jedes Mal daran erinnert, dass diese Hausverwaltung zweifellos zu bescheuert ist, eine Luxussanierung zu managen.

Und plötzlich stand da dieser Spiegel im Hinterhof. Senkrecht an der Wand, wohl drei Meter hoch, direkt neben dem Eingang zum Hinterhaus.

Wir haben bei uns im Haus eine Art Tausch-Basar-Tradition. Wenn jemand irgendwas nicht mehr haben will, stellt er es vorne in den Flur, und die anderen Hausbewohner gucken, ob sie es brauchen können. Am Anfang habe ich mich noch drüber lustig gemacht. Aber seit wir jetzt diesen schönen gemütlichen Sitzsack vor dem Fernseher haben, sehe ich das differenzierter. Sogar mein altes Fax-Gerät bin ich auf diese Weise unkompliziert losgeworden. Keine Ahnung, wer heutzutage damit noch was anfangen konnte, aber es hat keine zwei Tage im Flur gestanden, dann war es weg.

Und jetzt steht da dieser Spiegel im Hof neben dem Durchgang, und ich schaue von meinem Schreibtisch-Fenster direkt seitlich drauf. Und bestaune seine magische Wirkung. Die mich nun doch schon wieder beunruhigt. Vielleicht habe ich die Hausverwaltung auch einfach nur unterschätzt?

Denn jeder, wirklich jeder, der jetzt durch den Innenhof geht, bleibt kurz stehen, tritt den einen Schritt zur Seite, schaut in den Spiegel und zuppelt an sich herum. Schnell werden die Haare noch mal gerichtet, der Hemdkragen zurechtgeruckelt, ein Fussel von der Schulter entfernt. Manchmal passiert auch nichts, und der Vorbeikommende guckt nur kurz rein, nickt zufrieden und geht weiter. Und das mitten im Wedding! War es denn hier nicht jahrzehntelang unverhandelbares Gebot, dass es einem scheißegal zu sein hatte, wie man draußen herumläuft? Seit wann sind denn alle so fixiert darauf, wie sie aussehen? Wir sind hier doch nicht im Prenzlauer Berg! Vorgestern habe ich eine Frau beobachtet, die sich nicht nur ausgiebig im Spiegel betrachtet, sondern die dann tatsächlich ein kleines Döschen aus ihrer Handtasche gefischt und sich mit einem Pinsel im Gesicht herumgetupft hat! Wer aus unserem Haus empfängt bitte schön solchen Besuch? Aber selbst die hartgesottenen, alteingesessenen Hausbewohner können sich der geheimnisvollen Anziehungskraft des Spiegels nicht entziehen. Sogar der alte Kaluppke hat gestern kurz in den Spiegel geguckt und die Augenbrauen leicht zweifelnd hochgezogen, bevor er einmal kräftig ausgespuckt hat. Wo soll das nur hinführen? Ist das der infame Plan der Hausverwaltung? Sollen wir durch unseren eigenen Anblick zu einer Wohnumfeldverbesserung getrieben werden, indem wir uns hübscher machen? Aufwertung durch Selbstbespiegelung? Bis wir am Ende mit der Kernsanierung bei uns selbst anfangen?

Ich jedenfalls verweigere mich mit aller Willenskraft den verführerischen Gesängen des Spiegels. Wenn ich durch den Hof gehe, starre ich zwanghaft in die andere Richtung. Es ist wirklich erstaunlich, welche unwiderstehliche Wirkung ein einzelner Gegenstand entwickeln kann, wie er alle Aufmerksamkeit auf sich zieht.

Abends erzählte ich meiner Frau von meinen Beobachtungen: dass seit Tagen niemand mehr durch den Hof gehen kann, ohne sich vorher in diesem verdammten Spiegel zu betrachten. Ich stellte zur Diskussion, ob wir nicht die Initiative ergreifen und das Ding endlich wegschaffen sollten. Sie sah mich verwundert an. Sie fragte: »Was denn für ein Spiegel?« Ich sah sie kurz verblüfft an, dann durchströmte mich eine kleine Welle des Glücks. Und mag sich die Welt da draußen auch noch sehr verändern – wenigstens wir wissen, dass wir noch hierher passen. Und, das ist das Schönste: zueinander. Ich glaube, ich bin ein bisschen neu verliebt.

Wenn das mal Schule macht

Die Kinder nehmen im Sachkundeunterricht Insekten und Spinnen durch, und in einem unbedachten Augenblick habe ich der Lehrerin angeboten, dass ich ja mal ein paar der lieben Tierchen mit in die Schule bringen könnte. Und nun ist es soweit. Eine Unterrichtseinheit für Schüler der ersten bis dritten Klasse steht an. Ich habe eine große Styroporkiste unterm Arm und stelle sie im Klassenraum ab. »Ist da eine Spinne drin?«, fragt ein kleiner Junge mit schreckgeweiteten Augen. »Nein«, beruhige ich ihn, »keine Spinne, nur Insekten. Ganz harmlos. Keine Sorge.« Er sieht nicht so aus, als habe ich ihn überzeugt.

Zum Warmwerden will ich erst einmal ein paar Bilder zeigen, die ich per Beamer an die Wand werfe. Schon beim ersten quietscht ein Mädchen entsetzt auf. Ich bin verwundert. Das Bild zeigt eine kleine Zusammenstellung ganz normaler, heimischer Wirbelloser, die ich zum niedrigschwelligen Einstieg in das Thema ausgewählt habe: Marienkäfer, Grashüpfer, Kreuzspinne, Blattwanze, Biene, Ameise, Schmetterling, so was halt. »Das ist ja gruselig!«, ruft das Mädchen. »Was ist denn daran gruselig? Das sind ganz normale Insekten und Spinnen, wie ihr sie jeden Tag draußen im Park finden könnt«, halte ich dagegen. »Aber nicht in den Rehbergen!«, protestiert das Mädchen. »Jede Wette«, sage ich, »du wirst doch wohl schon mal Insekten gesehen haben?« »Ja, aber doch nicht so was! Das sind doch voll die Monster!« Ich verstehe nicht, was sie meint, und schaue hilflos zur Lehrerin. Die lächelt freundlich, weiß aber offensichtlich auch nicht, wo das Problem liegt. »Dann sag doch mal, Maja, was du meinst?«

Maja? Das Kind heißt wirklich Maja? Ich wittere meine Chance, das Mädchen zu missionieren. »Maja, dann heißt du doch selbst wie eine Biene! Wie die Biene Maja! Da haben deine Eltern bestimmt dran gedacht, als sie einen Namen für dich ausgesucht haben. Weil alle die kleine, schlaue Biene Maja lieben!« Wer hätte gedacht, dass Karel Gott mir jemals zur Lebenshilfe gereichen würde. Aber hier hilft weder Karel noch Gott, hier gibt's nicht mal Hopfen und Malz: »Da ist keine Biene Maja, da sind Monster!«, zeigt Maja sich uneinsichtig. Ich deute auf die Biene auf dem Sammelbild: »Hier, schau, da ist doch die Biene. Vielleicht ist das ja die Biene Maja! Dann gehört ihr ja praktisch zusammen!« Das scheint kein Gedanke zu sein, der ihr besonders gefällt. Glaubt sie denn wirklich, dass Bienen so aussehen wie die Zeichentrick-Maja? Das kann doch gar nicht sein! Sie muss doch schon mal eine echte Biene gesehen haben! – Hat sie auch: »Ich habe schon oft echte Bienen gesehen!«, ruft Maja empört, »die sind viel kleiner und sehen nicht so monstermäßig aus!« Jetzt fällt bei mir der Groschen. Die Vergrößerung macht's! Klar, das sind natürlich Makro-Aufnahmen, und mit dem Beamer an die Wand geworfen sehen die Tierchen in der Tat ganz eindrucksvoll aus. Die Lehrerin und ich bemühen uns, den Sachverhalt aufzuklären. Das Kind beruhigt sich etwas, wirkt aber unglücklich. Offenbar behagt ihr die Erkenntnis überhaupt nicht, dass ihre Namensvetterin in Großaufnahme nicht ganz so niedlich aussieht wie die Figur aus dem Fernsehen. Nun gut. Ein wenig wundere ich mich allerdings schon, wie das Kind sechs Jahre durch die Welt gekommen ist, ohne irgendwo mal eine Detaildarstellung einer Biene gesehen zu haben, sei es im Fernsehen oder in einem Buch.

Die anderen Kinder sind erheblich entspannter und zeigen sich höchst interessiert. Die Artenkenntnis ist allerdings insgesamt unbefriedigend, nicht ein einziger der Grundschüler ist in der Lage, eine Blattwanze oder auch nur einen Mai- oder Hirschkäfer zu erkennen (mal abgesehen von meinem Sohn, dem ich allerdings Sprechverbot erteilt habe). Immerhin Marienkäfer erkennen sie. Fallen ihnen noch Insekten ein, die nicht auf dem Bild sind? »Mücken!«, ruft eines begeistert. Ich nicke. »Und Tauben.« Tauben? Ich bemühe mich, das Konzept »Wirbellose« noch einmal zu verdeutlichen. Ganz ruhig bleiben, denke ich. »Wenn ich zum Beispiel dir den Hals umdrehe, dann bist du tot, weil da die Wirbelsäule durchläuft«, versuche ich einen lebensnahen Ansatz, aber die Lehrerin übernimmt jetzt mit erläuternden Ausführungen, bevor sie freundlich lächelnd wieder an mich übergibt. Ihre Beispiele sind aber weit weniger plastisch. Ich hätte doch Lehrer werden sollen, denke ich leicht eingeschnappt.

Als ich später ein Bild von einem Bienenstock zeige, muss Maja den Raum verlassen. »Geh kurz vor die Tür, atme ein paarmal tief durch und beruhige dich, dann kommst du wieder rein, OK?«, beruhigt die Lehrerin sie.

Nach all der Theorie ist es jetzt aber an der Zeit, ein paar lebende Insekten anzuschauen. Ich mache die Styroporkiste auf. »Jetzt kommt aber keine Spinne, oder?«, fragt der Junge von vorhin ängstlich, von dem ich inzwischen weiß, dass er Justin heißt. »Nein, ich habe gar keine Spinne dabei, wie ich schon sagte«, beruhige ich ihn abermals. Die Rosenkäfer, die ich stattdessen im Angebot habe, stoßen auf allgemeine Begeisterung. Sogar Maja, die sich wieder reingetraut hat, wagt aus der Ferne einen schnellen Blick auf die trägen Insekten. Dann will ich die Metamorphose erklären und hole ein kleines Wachsmotten-Set heraus: Wachsmade als Raupe, Puppe, fertige Motte. Die Wachsmaden sorgen für eifriges Kreischen, zunächst wagen nur die Mutigsten, eines der eifrig wabernden Kerlchen auch mal auf die Hand zu nehmen. Nachdem ich aber mehrfach versichert habe, dass es sich dabei wirklich um Raupen handelt und eben nicht um Maden, wagen sich doch die meisten heran und finden sogar Gefallen an den Tierchen. Um alternativ die Larvalentwicklung ohne vollständige Metamorphose zu demonstrieren, habe ich ein paar Grillen dabei. Als ich die heraushole, gehen Justins Nerven mit ihm durch: »Spinnen!«, kreischt er und flüchtet panisch in die andere Ecke des Klassenzimmers. Ich rede ihm gut zu: »Hier – sechs Beine. Nicht acht. Kannst du selbst zählen!« Er wirkt noch nicht überzeugt. »Zahlenbereich bis 10 hattet ihr doch aber schon, oder?« Es ist immerhin eine Berliner Grundschule. Schulen in Berlin belegen traditionell den letzten Platz in allen Bildungsstudien, da weiß man ja nie. Aber bis sechs kommt er dann doch. Und sieht, dass da noch was fehlt zur acht. Er wirkt beruhigt. Es ist ein wenig seltsam: Sobald er akzeptiert hat, dass das Tier, das ich ihm vor die Nase halte, ein Insekt ist und keine Spinne, verliert er jede Furcht, fasst es an, findet es spannend. Die menschliche Psyche, sie ist schon ein faszinierendes Ding.

Allmählich nähern wir uns dem Finale. Ich habe noch eine Riesen-Stabheuschrecke dabei. Dass die so viel Aufruhr verursachen wird, dass danach nur noch Pause möglich ist, hatte ich schlauerweise schon einkalkuliert. Ich sollte Recht behalten. Ein ohrenbetäubendes Jiepen und Schnattern und Quaken setzt ein, als ich das durchaus eindrucksvolle, gut 30 cm lange Insekt auf meinen Arm setze. Aber die Kinder sind inzwischen erstaunlich zutraulich geworden. Justin zähle ich schnell die Beine vor, dann wagt er sogar, das Tier auf die Hand zu nehmen. Ich lasse es vorsichtig herumgehen. »Ist das halal?«, will Erem wissen. Will der mich verarschen?, denke ich leicht irritiert an die Sache mit dem Wurststand auf dem Schulfest unlängst und antworte daher: »Du musst sie ja nicht gleich essen.« »Aber ich will sie anfassen.« »Na und? Mach doch!« »Dafür muss ich aber wissen, ob die halal ist! Halal ist doch nicht nur essen. Halal ist generell erlaubt. Manches darf man nicht, das ist haram, manches darf man, das ist halal.« Guck, da habe ich ja auch gleich wieder selbst was gelernt. So ist es eben: Die Evangelen-Kinder dürfen kein Halloween feiern, weil die Prophetin Margot Käßmann das haram findet. Die Prenzlauer-Berg-Kinder dürfen kein Nutella aufs Brot haben, weil das im Anti-Industrienahrungsglauben ihrer Eltern haram ist, weshalb sie halale industriell zusammengebraute vegane Pasten aus irgendwelchen Altölbeständen aufs Pausenbrot geschmiert bekommen. Und wieder andere dürfen halt irgendwelche anderen Sachen nicht machen. Mir doch egal. Ich habe zwar nicht den Hauch einer Ahnung, wie Mohamed sich zu Stabheuschrecken positioniert hat, aber ich wage einfach mal die Ansage: »Die ist total halal, mein Junge, mach dir keine Sorgen.« Allah wird schon drüber wegkommen, und Mesut wäre stolz auf mich. Derweil Maja die Schrecke auf ihren Arm setzt und sie gar nicht wieder abgeben will. Guck, geht doch alles.

Ein Junge, der bisher kein Wort gesagt und immer nur so merkwürdig abwesend in die Luft geguckt hat, nimmt die Schrecke auf den Arm. Verzaubert beobachtet er sie eine Weile, dann bricht es plötzlich aus ihm heraus: »Früher gab es ja Riesenskorpione!« »Ach ja?«, frage ich überrascht. »Die waren zwei Meter fünfzig groß!« »So, so.« »Jaekelopterus rhenaniae!« »Wie bitte?« »Jaekelopterus rhenaniae! Aber da gab es ja auch noch viel mehr Sauerstoff in der Erdatmosphäre als heute. Nur deshalb konnten die so groß werden. Das geht heute ja gar nicht mehr. Aber die hier ist trotzdem toll groß! Aber nicht so groß wie Jaekelopterus rhenaniae!« Ich bin verwirrt. »Der Junge ist Autist«, flüstert die Lehrerin mir zu. Er gibt mir die Schrecke zurück, zärtlich streichelt er sie ein letztes Mal, dann fällt er wieder zurück in sein Schweigen. Rainman! Es gibt ihn wirklich!

Ich packe die Tierchen wieder ein und verabschiede die Kinder in ihre wohlverdiente Pause. Geschlagene anderthalb Stunden lang haben sie gebannt zugehört, immerhin gut 30 Powerpoint-Folien angeschaut und sich letztlich alle getraut, diverse Krabbeltiere mal näher anzuschauen und sie sogar anzufassen. Das ist doch ein schönes Ergebnis.

Zu Hause angekommen, google ich nach Jaekelopterus rhenaniae. Die Viecher gab es tatsächlich. Im Unterdevon. Sie lebten im Meer, gelten als Vorgänger der modernen Skorpione und haben am liebsten Panzerfische gefuttert. Ich bin beeindruckt von dem kleinen Rainman.

Am Abend geht das Telefon. Die Mutter von Maja ist dran. Sie beschwert sich, dass ihr Kind ein Buch über Insekten verlangt. Und eine Lupe. Damit will sie in den Park, Tiere fangen. Den Floh hätte ja wohl ich ihr ins Ohr gesetzt, was mir denn wohl einfiele. »Soweit kommt es noch!«, schimpft die Mutter, »am Ende schleppt die mir noch so ekliges Viehzeugs nach Hause! Sie wissen doch, wie Kinder sind!« »Eben, genau deshalb ja«, sage ich und freue mich.

Als ich einige Tage später die Kinder von der Schule abholen will, begegnet mir eine Gruppe viertelstarker

Migrantenjungs auf dem Bürgersteig. So was macht mich schon lange nicht mehr nervös. Aber tief durchatmen muss ich doch. Denn Nervensägen können sie durchaus manchmal sein. Üblicherweise gibt es immer ein paar Sprüche, und erstaunlicherweise ist selbst der in der Comedy schon seit Äonen zu Tode gerittene Klassiker »Was guckstu?« immer noch aktuell. Aber die Jungs wasguckstun mich gar nicht an. Sie gehen respektvoll einen Schritt zur Seite. Einer spricht mich an: »Ey, Sie waren doch bei meinem kleinen Bruder in der Klasse!« »Äh – ich weiß nicht? Wer ist denn dein kleiner Bruder?« »Ey, doch, Sie müssen das sein. Der Typ mit den Insekten, oder?« »Stimmt, ich habe neulich mal den Kleinen ein paar Tiere gezeigt.« »Ey, voll super, Mann. Guckstu hier«, er hielt mir sein Smartphone vor die Nase, »ey, das sind meine Stabheuschrecken. So Indische, Mann. Übelst cool, kennste die?« »Ja, solche hatte ich auch mal. War mir aber mit der Ernährung zu aufwändig.« »Ey, die fressen krass exklusiv Brombeere. Kannstu sammeln in Rehberge!« »Ja, ich weiß, aber ich halte lieber Madagassische Fauchschaben, die sind auch einfach mit Gurke und Banane zufrieden.« »Die sind auch voll korrekt, Lan! Mach's gut, Lan!« Höflich bilden sie eine Gasse und lassen mich durchgehen. Vor der Schule stehen die Kinder herum. Einige der Knirpse zeigen ganz aufgeregt auf mich und wispern ihren Hortkameraden etwas ins Ohr. Ich ahne, was es ist, und winke ihnen zu.

Wenn das so weitergeht, werde ich noch eine richtige Weddinger Kiezgröße, denke ich. Der Mann, der weiß, was Insekten sind. Wenn die wüssten, dass ich zu Hause auch Echsen habe, würden sie mir wahrscheinlich gleich die Hände küssen. Aber man muss ja auch nicht übertreiben. Fürs Erste bin ich schon mal ganz zufrieden.

Kurort Wedding

Ich habe vor kurzem auf Bitte der Tageszeitung *tageszeitung* Stadtrundgänge durch den Wedding geführt. »Reisen in die Zivilgesellschaft« heißt das zugehörige Programm, vier Tage Berlin mit Vollbespaßung, und vermutlich wollten sie da auch mal einen kleinen Kontrapunkt setzen und zumindest einen Nachmittag lang einen Blick in die unzivilisierte Gesellschaft werfen. Weshalb die *taz* es eine gute Idee fand, eine Wedding-Tour anzubieten unter dem schönen Titel: »Ein Arbeiterbezirk erfindet sich neu«. Nämlich als Arbeitslosenbezirk.

Aber ich will meine Gäste auch nicht gleich verschrecken. Anfangs wirkten die Grüppchen von etwa 15 Lehrern, Reformhausbetreibern und Eltern von nach Berlin geflohenen Einfamilienhaussiedlungsopfern aus Schwaben, Schwabing und Schwarmstedt immer noch sehr neugierig und enthusiastisch. Aber mit jedem Stopp unserer kleinen Tour wurden sie dann doch immer stiller und eingeschüchterter.

Bei der Begrüßung schienen sie noch zu denken: »Hach, was für einen lustigen Burschen die *taz* uns hier als Reiseleiter hingestellt hat!« Anders konnte ich mir jedenfalls die Reaktionen auf meine gut gemeinten Hinweise zu Beginn nicht erklären. Dabei hatte ich sie nur auf ein paar Weddinger Essentials hingewiesen: Dass es im Prinzip sicher hier sei und sie sich deshalb nicht beunruhigen sollten, wenn wir unterwegs ein wenig angepöbelt würden, das sei nun einmal einerseits die Weddinger Art und andererseits die natürliche Reaktion auf Touristengruppen mit merkwürdigen fremden Sprachen, insbesondere von Einheimischengruppen mit merkwürdigen fremden Sprachen. Und dass es im Prinzip durchaus hübsche Ecken hier gebe, aber dass man sich den Blick darauf nicht verstellen lassen dürfe durch die kleinen Müllberge, die davor herumlägen, das sei Teil der Folklore. Und dass sie bitte auf kleinere Beschimpfungen oder Rempeleien von Passanten einfach nicht reagieren sollten, denn wir hätten ein längeres Programm und könnten uns nicht an jeder Straßenecke mit den sonst unweigerlich folgenden Tiraden und Schubsereien aufhalten. Da kicherten sie ausgelassen und fanden mich sehr witzig, meine Schwaben und Schwabinger und Schwarmstedter.

Als wir dann durch den Humboldthain gingen, dieses gartenbaumeisterliche Punkstück aus dem 19. Jahrhundert mit der Anmutung einer kleinstädtischen Sondermülldeponie, wurden sie schon merkwürdig leise. Als die Arabergangs uns vorm Gesundbrunnen freundlich begrüßten mit den Worten: »Ey, was wollt ihr denn hier? Ghetto gucken, oder was? Solln wir euch ma zeigen, was richtig Ghetto is?«, reagierten sie schon spürbar eingeschüchtert, und als eine Gruppe vollverschleierter Damen mit Kinderwagen sich recht durchsetzungsfreudig an der Ampel den Vortritt verschaffte, indem sie meine Gäste einfach von hinten zur Seite rempelten und ihnen mit den Wägen in die Hacken fuhren, nur um sie dabei anzuzischen »Ey, geht doch mal Seite, Mann«, hatte ich doch leichte Sorgen, ob das Zivilgesellschaftstour-Konzept wirklich aufging oder ob wir hier nicht gerade dabei waren, aus einer Schar aufrichtiger Grünen-Wähler eine desillusionierte Speerspitze für die örtlichen AfD-Gruppen ihrer Provinznester zu formen. Vielleicht aber haben es ja die Sehenswürdigkeiten wieder rausgehauen. Wir begannen am Bahnhof Gesundbrunnen, mit Blick auf das Brunnenviertel.

Vor dem Krieg standen hier riesige Mietskasernen in höchst fragwürdigem Zustand. Nach dem Krieg standen hier Mietskasernen in noch fragwürdigerem Zustand. Weshalb man das ganze Viertel einfach zum größten Flächensanierungsgebiet Deutschlands ausgerufen und anschließend komplett abgerissen hat. Die paar armen Schlucker, die noch im Weg herumwohnten, wurden von Staats wegen an so schöne Orte wie das Märkische Viertel versetzt, da mussten sie sich gar nicht groß umstellen. Anschließend kamen hier wieder neue gesichtslose Mietskasernen hin, die wegen der Mauer zudem komplett vom Rest der Stadt isoliert waren. Und prompt hatte man im niegelnagelneuen Flächensanierungsviertel eine Migranten- und Transferleistungsempfängerquote von über 85 %.

Meine Gäste schauten bedröppelt aus der Wäsche. Ihre Stimmung schien sich auch nur unwesentlich zu bessern, als wir die ehemalige Gartenstadt Atlantic erreichten. Einst stand hier ein blühendes Kino mit großem Musical-Saal und berlinweit bekannter Licht-Installation, man nannte die Badstraße gar den Kudamm des Nordens. Aber nur für kurze Zeit. Denn erst durch den Krieg und dann durch die isolierte Nach-Mauer-Lage ging alles der Reihe nach den Bach runter und wurde schließlich weggesprengt. Kein Grund zur Traurigkeit, denn nun gehen wir rüber zur Aussichtsplattform am Humboldthain, die größte Erhebung des Weddings, wenn auch ausschließlich künstlich erschaffen aus aufgetürmtem Kriegsschutt von vier Flak-Türmen, die Zwangsarbeiter hier noch kurz vor Kriegsende errichten mussten, für den Endkampf um die Hauptstadt. Viele Arbeiter gingen dabei drauf, aber hey, die wären ja beim anschließenden Bombardement sowieso gestorben, kein Grund für schlechte Laune also.

Außerdem wird es jetzt Zeit, sich zu den Anfängen des Weddings zu begeben. Gesundbrunnen heißt nämlich Gesundbrunnen, weil sich an der Panke, dem stolzen Strom, der den Wedding durchzieht, früher ein Heilbad befand. Genau genommen stand dort zunächst eine Mühle. Eine Mühle, die 1709 mitten auf der grünen Wiese an diesem jämmerlichen Bach errichtet wurde, sonst gab es hier überhaupt nichts. Eine Mühle mit Bierausschank. Kein Witz. Das war das allererste Gebäude von Gesundbrunnen: eine Mühle mit Bierausschank. Da war der weitere Weg schon vorgezeichnet.

Die Gegend diente als Ausflugsziel für Berliner, die sich mal ordentlich die Kante geben und dem Glücksspiel frönen wollten. In gewisser Weise ist man sich hier also treu geblieben. Dann kam die sagenhafte Heilwirkung einer hier austretenden Panke-Quelle hinzu. Die jedenfalls vom zwischenzeitlichen Besitzer der Mühle, Heinrich Behm, verkündet wurde. Eine faustdicke Lüge selbstverständlich. Eine Heilquelle gab es hier nie. Das hinderte Behm aber nicht daran, das schmoddrige Pankewasser als Heiltrank und den Schmier vom Beckengrund seiner flugs daneben errichteten Badeanstalt gewinnbringend in Berliner Apotheken als »Oker-Schlamm« zu verkaufen, der extrem zuverlässig gegen Grauen Star, steifen Nacken und Blasenschwäche helfen sollte. Vermutlich ist keiner der Käufer je dazu gekommen, sich über den ausbleibenden Erfolg zu beschweren, weil alle schon vorher dran gestorben sind.

Dabei ist schon König Friedrich II. durch die Heilwirkung der Panke-Quelle von diversen Gebrechen genesen. Behauptete Behm. Dass Friedrich II. nie in Gesundbrunnen war – geschenkt. Im daneben stehenden nach Königin Luise benannten Luisenbad war Königin Luise ja auch nie, obwohl sie es immerhin in einem Empfehlungsschreiben angepriesen hatte. Falls sie das überhaupt selbst geschrieben hatte, und nicht irgendein Marketingfuchs wie Behm. Die ganze Gegend war also eigentlich schon immer auf Lug und Trug gebaut und wurde von Kleinkriminellen und Schwindlern betrieben.

Die Schwaben, Schwabinger und Schwarmstedter gucken mich konsterniert an – Reisen in die Zivilgesellschaft! Aber ich lasse ihnen keine Verschnaufpause, denn es gibt noch so viel zu sehen. Den Gedenkstein für den Weddinger Blutmai an der Pankebrücke etwa, wo 1929 auf Geheiß des sozialdemokratischen Polizeidirektors von Berlin hunderte protestierende Arbeiter zusammengeschossen und 19 von ihnen erschossen worden waren. Oder der Weddinger Asyl-Verein, wo einst die Vergessenen und Elenden des Bezirks anonym einkehren konnten und etwas zu essen und Obdach erhielten, bis die Nazis in dem Gebäude lieber Gefangene hinrichten und Hakenkreuzfahnen fürs ganze Reich produzieren ließen. Heute ist stilsicher in der Turnhalle davor eine Erstaufnahmestelle für Flüchtlinge untergebracht, die von finster dreinblickenden Security-Typen bewacht wird.

Weiter geht es über den Nettelbeckplatz, der eigentlichen Keimzelle des Weddings. Hier errichtete einst Rudolfus de Weddinge ein Vorwerk. Seine Bemühungen, damit so etwas wie einen funktionierenden Wirtschaftsbetrieb aufzubauen, scheiterten allerdings kläglich, sodass er sich schnell wieder vom zu sandigen Acker machte. Rudolfus entledigte sich des Unglückshofes, indem er die Wüstung einem nichts ahnenden Nonnenorden vermachte. Die kapierten aber auch schnell, dass hier nicht mal mit Gottes Beistand etwas zu reißen war, weshalb sie das ganze Ding als großherzige Spende auf Ewigkeit an die Stadt Berlin verschenkten, die sich dann jahrzehntelang vergeblich darum bemühte, das Teil wieder loszuwerden. Aber da war der Wedding schon entstanden, und den wollte dann wirklich niemand mehr haben.

Also versuchte man, ihn wenigstens etwas zu zivilisieren, und beauftragte Schinkel, hier eine seiner berühmten Vorstadtkirchen auf den Leopoldplatz zu stellen. So entstand die Nazarethkirche, der Platz aber blieb besiedelt von Trinkern, Schlägern und Halunken. Als hier 1885 ein siebenjähriges Mädchen ermordet wurde, beschloss man als Reaktion darauf, den ganzen Platz neu zu gestalten und städtebaulich zu sanieren – ein Vorhaben, das bis heute noch nicht abgeschlossen ist.

Die Schwaben, Schwabinger und Schwarmstedter schauen betroffen über den Platz, auf dem die üblichen Alkoholikergrüppchen laut zeternd streiten und ein paar Drogenabhängige zum Spritzenraum schlurfen. Und da sind wir noch gar nicht am Wohnhaus von Otto und Elise Hampel in der Amsterdamer Straße gewesen, die Flugblätter gegen das Nazi-Regime verteilt hatten, verpfiffen und anschließend hingerichtet wurden. Um ihnen zu gedenken, sollte ein noch namenloser Platz (natürlich vor dem Jobcenter) ihnen zu Ehren benannt werden – der Besitzer des Gebäudes ist mit juristischen Mitteln dagegen vorgegangen. Womit wir schon am Urnenfriedhof Seestraße angekommen wären. Auf dem Friedhofsgelände verscharrte die Charité einst all diejenigen, die arm waren und keine Angehörigen hatten. Wo sollte man schon hin mit den ultimativ ausbehandelten Patienten, die keiner wiederhaben wollte – wenn nicht in den Wedding?

So beende ich gut gelaunt meine kleine Tour durch unseren bezaubernden Stadtteil und strahle meine Schwaben, Schwabinger und Schwarmstedter vor dem Gräberfeld an. Einer murmelt, er wolle am liebsten gleich hier bleiben. Die anderen nicken nur trübe, eine sagt: »Im Programm stand aber, dass das hier jetzt der kommende In-Bezirk werden soll!« Ich sage: »Na klar! Das hat Behm schließlich schon vor zweihundert Jahren angekündigt. In Berlin dauert eben einfach alles ein bisschen länger. Aber ich denke, jetzt haben wir es bald geschafft!« Sie ziehen mit hängenden Köpfen ab. Und tragen die Kunde von diesem Elendsgebiet zurück in ihre Heimat, nach Schwaben, Schwabing und Schwarmstedt. Man muss gegen die Gentrifizierung halt tun, was man kann.

Campus Viva

Am Ende einer meiner Stadtführungen durch den Wedding flüsterte eine ältere Dame aus Schwaben mir erleichtert zu: »Vielen Dank, das war sehr interessant. Aber wie können Sie denn bloß hier wohnen? Da bin ich ja doch sehr froh, dass unsere Leonie eine Wohnung in Schöneberg gefunden hat. Die studiert nämlich seit diesem Semester an der TU.«

Dabei hätten wir da möglicherweise durchaus etwas Passendes für sie gehabt. Denn die Zeichen der Zeit, sie sind im Wedding eben auch widersprüchlich. Hier, im Herzen des sozialen Brennpunkts, exakt zwischen Gesundbrunnen, Humboldthain und Badstraße, steht ein Gebäude herum, das hier wie ein notgelandetes Ufo wirkt. »Campus Viva« prangt in großen Buchstaben an der Front des neu errichteten Kastens, der von außen wie eine Mischung aus Hochsicherheitstrakt und Bürohaus wirkt. Ein bisschen so, wie wir damals als Kinder Häuser für unsere Playmobil-Figuren selbst gebaut haben: Schuhkarton nehmen, ein paar Löcher für Fenster reinschneiden – fertig. Vielleicht hätte ich doch als Architekt Karriere machen können. Dann wäre der Campus Viva ein bisschen hübscher geraten.

Es handelt sich bei dem Ding, wie ich der Homepage entnehme, um ein Studentenwohnheim. Studentenwohnheime kenne ich noch von früher, aus meiner eigenen

Studienzeit. Die wurden von einem Studentenwerk verwaltet, damit auch Studierende aus weniger finanzstarken Familien, die sich keine richtige Wohnung leisten können, irgendwo unterkommen. Das war natürlich nie besonders schön: Ich erinnere mich an eher fragwürdige Gemeinschaftsräume, wo wir als Besucher dann immer hingeschleppt wurden, weil die Zimmer zu klein waren. Und wo man sich dann zwangssozialisieren musste mit anderen Leuten, die da herumhingen, weil ihre Zimmer zu klein waren.

Mal sehen, wie das heute ist. Interessiert klicke ich mich zu Hause am Computer durch zum Campus Viva und finde prompt ein »Extraklasse Apartment«, das gerade zur Vermietung steht. Sieh an, der Studierende von heute, er lebt nicht mehr in Studentenwohnheimzimmern, sondern in Extraklasse-Apartments. Sogar mit »Super-Aufteilung« und »Super-Ausstattung«. Also genaugenommen: Nicht einfach mit Super-Aufteilung, sondern sogar mit »SUPER-Aufteilung«. Extraklasse-Super eben. Eine Extraklasse-Großbuchstaben-Super-Aufteilung scheint mir andererseits aber auch wichtig bei der apostrophierten Grundfläche von sagenhaften 26,1 m². 26,1 m²! Das ist natürlich tatsächlich ein Extraklasse-Apartment. Mein Wohnzimmer ist nur unwesentlich größer. Gut, viele haben natürlich noch weniger Platz zur Verfügung. Mastschweine zum Beispiel oder Legehennen. Dennoch scheint mir das nur ein mäßig reizvolles Angebot zu sein.

Andererseits: Lehrjahre sind eben noch immer keine Herrenjahre. Wenn es dafür wenigstens billig ist. Ich klicke den Preis an: 875 €. Kalt. Dazu kommen 120 € Nebenkosten. Macht 995 Tacken im Monat. Oder, wie der Begleittext charmant erläutert: »Alles drin für etwas über 30 € am Tag.« Alle Achtung, denke ich, dafür hätte man vor fünf Jahren im Wedding noch ein ganzes Hinterhaus komplett anmieten können.

Andererseits: Man muss eben auch alles von zwei Seiten sehen. Hier zum Beispiel von der Innenseite, und da scheint die jungen Mieter Spektakuläres zu erwarten. Denn: »Das EXTRAKLASSE APARTMENT ist geschmackvoll und möbliert und vollständig ausgestattet und lässt in Aufteilung und Funktionalität keine Wünsche offen. Der Grundriss lässt die vielen Vorteile dieses Apartmenttyps erkennen.« Und was sind die vielen Vorteile dieses Apartmenttyps? Folgende: »Küche mit Fenster, Wohnbereich mit Fenster = querlüften für ein angenehmes Raumklima leicht gemacht« Zusammenfassend also: Zimmer mit Fenstern! Damit man lüften kann! Erstaunlich, was heutzutage technisch alles so möglich ist. Ich bin beeindruckt. Und das ist erst der Anfang. »Bad mit bodentiefer Dusche, die Schiebetür zum Bad sorgt für platzsparendes Betreten der Wellnessoase.« Endlich eine bodentiefe Dusche! Vorbei die Zeiten, in denen man mühsam zur Dusche hinaufkraxeln musste. Und die ganze Wellnessoase auch noch mit einer platzsparenden Schiebetür. Das ist ja wirklich extrem pfiffig. Ansonsten verfügt die Wellnessoase übrigens auch noch – halten Sie sich fest! – über ein Waschbecken und ein Klo. Da werden Wellnessträume wahr.

Aber das ist noch immer nicht alles: »Die variabel gestalteten Wandschränke machen das Aufbewahren Ihrer Lieblingsstücke zum Vergnügen.« Das Aufbewahren von Lieblingsstücken gehört ja ohnehin zu den Lieblingsvergnügen der meisten Menschen. Wie schön also, dass hier mitgedacht und den Lieblingsstückaufbewahrern endlich der nötige Raum geboten wurde, um ihre Leidenschaft mal voll auszuleben. In variabel gestalteten Wandschränken. Ich vermute, man kann die Bretter da auf unterschiedlichen Höhen rein und rausschieben. Wenn man also mal wieder Lust verspürt, seine Lieblingsstücke ganz neu aufzubewahren, räumt man sie einfach raus aus den variablen Wandschränken, gestaltet sie nach Herzenslust um, indem man jetzt mal das untere Fach ein bisschen höher macht und das darüber etwas niedriger, und schon kann man alle Lieblingsstücke wieder ganz neu aufbewahren. Was für ein Vergnügen! Natürlich ist auch sonst jeder denkbare Luxus vorhanden: etwa ein »Kühlschrank mit Gefrierfach«, vermutlich eine Sonderanfertigung für Campus Viva, ebenso wie die »Mikrowelle mit Backfunktion«. Wahrscheinlich sogar mit Stecker für einen reibungslosen Stromanschluss. Haben sie vergessen, dazu zu schreiben. Egal. Jedenfalls steht da der Zubereitung von leckeren Speisen also nichts im Weg. Ich lese weiter: »Der Zubereitung von leckeren Speisen steht also nichts im Weg.« Dass dann auch noch ein Schreibtisch und ein Schreibtischstuhl zur Ausstattung des Extraklasse-Apartments gehören, zudem auch noch ein Rollcontainer und ein Bett mit Nachtschrank, das ist da fast schon nebensächlich.

Fasziniert lese ich weiter: »Und wenn Sie das EXTRAKLASSE APARTMENT doch mal verlassen wollen« ... Wie jetzt? Was sind denn das für postfaktische Vorstellungen? Wer sollte ein solches EXTRAKLASSE APARTMENT jemals verlassen wollen? Aber gut, man ist bei Campus Viva eben auf alles vorbereitet. Denn dann gibt es nicht nur eine Dachterrasse, »mehrere Lounges« (so heißen also die Studentenwohnheim-Gemeinschaftsräume meiner Erinnerung heute) sowie »eine gegen Kaution mietbare Eventküche« (Gemeinschaftsküchen gab's damals auch, allerdings für lau), sondern man kann auch einfach wegfahren, zurück nach Schwaben, Schwabing oder Schwarmstedt, zum Beispiel. Denn in der »hauseigenen Tiefgarage« – und es sind »lediglich ein paar Meter vom Auto zum Aufzug ins eigene Apartment« – wartet die Extraklasse-Apartment-Karosse, die merkwürdigerweise allerdings nicht im Mietpreis inbegriffen ist. Dafür jedoch ein »XXL-Einzelparker mit einer Breite von 3,50 Meter.« Der Einzelparker ist also praktisch genau so groß wie das ganze Extraklasse-Apartment. Damit der Privatpanzer, den man als erbreicher Studentenschnösel mit Luxus-Apartment im Ghetto Wedding zweifellos braucht, um sich sicher fortbewegen zu können, auch irgendwo stehen kann. Das sollte die nur etwas mehr als 30 € am Tag locker wert sein.

Wenn der Studierende sich dann abends nach dem Pinkeln in der Wellnessoase eine Lieblingsflasche Wein aus einem der variabel gestalteten Wandschränke nimmt und damit auf die Dachterrasse tritt, kann er versonnen »einen tollen Weitblick über die benachbarte Grünanlage hinaus« genießen, über den Wedding, der von da oben sicher ruhig und sauber und friedlich aussieht, und der Himmel ist so nah. Denn, um ein letztes Mal zu zitieren: »Studentenbude war gestern – Campus Viva ist heute!«

Na dann: Willkommen im Wedding.

Die Hexe

Die Kinder nennen sie nur »die Hexe«. Und weil die Kinder sie nur »die Hexe« nennen, nennen wir Erwachsene sie eigentlich auch nur »die Hexe«. Weil das aber eigentlich diskriminierend und nicht besonders pc ist, klingt es natürlich erheblich besser, wenn man, bevor man über die Hexe schreibt, sagt, dass die Kinder sie nur »die Hexe« nennen. Dafür sind Kinder ja da: Dass sie Erwachsenen einen guten Vorwand geben, all das zu tun oder zu sagen, was sie schon immer tun oder sagen wollten, sich aber als Erwachsene nicht zu tun oder zu sagen trauen. Wenn man einfach zu träge geworden ist, um abends noch wie früher das Haus zu verlassen, schaffe man sich einfach Kinder an, schon kann man allabendlich gemütlich auf dem Sofa liegen, »Tatort« gucken und den Freunden sagen, dass man wegen der Kinder eben zu Hause bleiben muss. Wenn man eh keine Lust auf Sex mehr hat, muss man das sich selbst und dem Partner gegenüber nicht zugeben, sondern seufzt nur mal kurz: »Ach, die Kinder schaffen einen ja auch wirklich total«, der Partner nickt erleichtert, und schon kann man rasch den Fernseher einstellen und »Tatort« gucken. Und wenn man in einem dieser interessanteren Innenstadtbezirke gewohnt hat, weil man ja weltoffen und multikulturell orientiert ist, dann aber merkt, dass einem diese ganzen Typen dort doch irgendwann ganz schön auf den Wecker gehen, kann man wegen der Kinder bedenkenlos nach Weißensee, Zehlendorf oder Bernau ziehen und bedauern, dass man ja liebend gerne im quirligen Innenstadtbezirk bliebe, aber man müsse nun einmal an das Wohl der Kinder denken, man liest ja schließlich so viel, was da an den Schulen los ist. Und auf der Straße.

Auf der Straße, wo nämlich die Hexe ihr Unwesen treibt, das im Wesentlichen darin besteht, dass sie über selbige geht und jeden, der ihr begegnet, böse anfaucht. Sie ist dabei durchaus abwechslungsreich, vermeidet also stereotype, immer gleiche Beschimpfungen. Nur einmal hat sie mich körperbetont beleidigt: »Geh aus dem Weg, du fette Sau!« Beim nächsten Mal ging es schon um den Kleidungsstil: »Was hast du denn da für scheiß Säcke an?« Was ich ein bisschen merkwürdig fand, weil die Hexe sich selbst so kleidet, dass mir zur Beschreibung am ehesten die Formulierung einfiele, dass sie Säcke trage. Ganz geschulter Rhetoriker antwortete ich also mit vernichtender Schärfe: »Selber!«, woraufhin sie anmerkte, ich sei ein »Fickfrosch« und solle »für immer in der Hölle schmoren«. Von Mode verstünde ich zudem ja wohl überhaupt nichts, aber das sei ja auch kein Wunder angesichts der ganzen Versager und Wracks, die in diesem Drecksstadtteil lebten. Woraufhin ich nochmals ausnehmend originell erwiderte: »Aber Sie wohnen doch auch hier!« Da blieb sie stehen, schaute auf zu mir, schüttelte kurz verständnislos den Kopf, und dann führte sie aus, dass *sie* hier wohne, weil diese verdammten Fotzen und Arschlöcher und das gesamte Schweinesystem Schuld daran seien, aber dass *ich* hier wohne, weil ich nun einmal in diesen versifften Drecksstadtteil hinein gehöre und es einfach nicht besser verdient hätte. Woraufhin ich den Mund hielt und den Kindern, nachdem die Alte außer Sichtweite war, zuflüsterte: »Boah, ist das eine alte Hexe!« Und seither nennen die Kinder sie eben nur noch »die Hexe«.

Die ersten Begegnungen mit der Hexe erschreckten mich noch ziemlich. Sie war vor etwa einem Jahr plötzlich aufgetaucht. Die aggressive Energie, die sie ausstrahlte, hatte etwas Einschüchterndes, auch wenn sie mit ihren geschätzten siebzig Jahren und dem leicht hinkenden Gang nicht gerade wie eine akute Bedrohungslage wirkte. Aber niemand, nicht mal die Migranten-Teenager-Gangs wagten es, sich mit ihr anzulegen. Wenn die Hexe über den Bürgersteig der Müllerstraße lief, teilte sie die Menschenmenge wie einst Moses das Meer. Alle traten ein paar Schritte nach rechts oder links und bildeten so eine Gasse, durch die die Hexe zeternd und schimpfend schreiten konnte, gelegentlich ein paar Invektiven in die eine oder andere Richtung austeilend. Der Betroffene lächelte dann meist unsicher und gequält, egal ob Türkenjunge oder Prediger vom Christencafé, die anderen Umstehenden guckten mitfühlend, waren aber vor allem erleichtert, dass es sie diesmal nicht erwischt hatte. Niemand sagte etwas oder ging die Hexe gar an. Nur wenn sie außer Hörweite war, vernahm man ein kollektives Aufatmen und ein leises Wispern: »Ey, voll verrückt, die Alte.« Aber es klang nie so überlegen oder souverän, wie es klingen sollte, sondern immer ein bisschen jämmerlich. Die Hexe hatte etwas Verstörendes.

So jedenfalls war es anfangs. Doch nach und nach ist die Stimmung gekippt. Die Hexe ist Teil der Kiez-Folklore geworden. Wenn sie nun herannaht, kichern die Jugendlichen schon vorher, fast freudig erregt. »Da! Da kommt sie wieder, guckt mal!«, und alle schauen erwartungsvoll zu der alten Frau, gespannt, welche Suada sie heute an das Volk richten wird. Auch die Hipster vor der Nussbreite stupsen ihren englischsprachigen Besuch aus der Heimat an: »Oh, have a look, the old woman's coming over. She's really crazy, but pretty cool. That's Berlin, holy shit.« Die Hexe überschüttet daraufhin die jungen Bartträger mit Kommentaren zu ihrer Gesichtsfrisur, ihren Brillen oder auch einfach mehr allgemein der Art, dass sie doch sowieso einen viel zu kleinen Schwanz hätten und es nicht mal einem Schaf auf den irischen Weiden ordentlich besorgen könnten, von denen sie zweifellos entsprungen seien, und die jungen Leute vor dem Laden heben lachend ihre Craft-Beer-Flaschen in die Höhe und stoßen scheppernd an. Eine junge Frau zückte neulich das Handy und filmte den Auftritt, der Sekunden später auf Youtube unter dem Titel »Old Berlin woman yelling at people about sex with sheep« online ging und den Daheimgebliebenen bewies, wie abgefahren es in der deutschen Hauptstadt zugeht. Ich bekam Mitleid mit der Hexe. Sie war ein Original geworden. Bald würde sie vermutlich vom Bezirksbürgermeister persönlich unter Milieuschutz gestellt, mit so einem paternalistischen Schulterklopfen. Das hatte sie nicht verdient.

Vor ein paar Wochen begegnete sie mir auf der Genter Straße. Sie kam mir direkt entgegen, unverständlich vor sich hinschimpfend. Sie blieb vor mir stehen, fixierte mich mit zusammengekniffenen Augen, dann sagte sie plötzlich ganz ruhig: »Sag mal, hast du abgenommen?« Verblüfft sah ich sie an. Ich hatte tatsächlich unter einigen Mühen in den letzten Wochen einige Kilo abgespeckt, was bislang aber noch niemandem aufgefallen war. Daher antwortete ich wenig schlagfertig: »Was?« Sie taxierte mich kurz weiter, nickte dann mit dem Kopf und sagte: »Ja, haste. Steht dir gut.« Dann setzte sie sich mit einem Ruck wieder in Bewegung und ließ mich ohne ein weiteres Wort verwirrt stehen. Ich bin mir nicht sicher, ob wir uns Sorgen machen sollten.

Catch'em all

Das war ja klar, dass wir diesem Pokémon Go auf Dauer nicht würden entgehen können. In der Schule reden sie seit geraumer Zeit von nichts anderem mehr, auf Whats-App werden nur noch Bilder gerade ins Netz gegangener Sonstwasmons hin- und hergeschickt, und sogar die Star-Wars-Sammelkarten sind plötzlich out. Letzteres betrübt mich allerdings ein wenig, denn ihre Star-Wars-Begeisterung hat bislang dafür gesorgt, dass ich für die Kinder eine Art Meister Yoda war, ein Weiser, den man jederzeit nach den großen Wahrheiten befragen konnte. Denn es gab etwas, das mir gegenüber den Kindern einen haushohen Erleuchtungsvorsprung verschaffte: Im Gegensatz zu ihnen kenne ich nämlich die Star-Wars-Filme. Die Originalschriften sozusagen. Sie sind ja noch zu jung dafür. Sie kennen nur die Sekundärliteratur, die Sammelkarten, die Spielfiguren, die Legos, die Zeichentrickserie, alles eben – außer den Filmen, um die es eigentlich geht. FSK 12. Kann man nichts machen. Da ist die Macht nun mal mit mir.

Und ich Wissender habe es sogar noch erlebt, wie die damals neu in die Kinos gekommen sind. Ich war sozusagen bei der Erschaffung der Welt live dabei. Und so behandelten die Kinder mich auch. Wie jemanden, der zufällig Augenzeuge war, als Moses die zehn Gebote verkündet wurden. Wenn ich dann noch erzähle, dass ich schon mal in dem Mammutbaumwald war, wo die Szenen mit den Ewoks gedreht wurden, diesen pelzigen Tanzbären auf Ecstasy, dann erstarren die Kinder vor Respekt. »Wirklich? Und warst du etwa auch dabei, als Luke vom Schneemonster Wampa ins Dagobah-System verschleppt worden ist?« »Allerdings! Aber das war gar nicht im Dagobah-System, das war auf Hoth. Und wir saßen im Kino und dann habe ich Anja vorsichtig die Hand auf das Knie geschoben. Gott, was waren das für Zeiten damals!« Die Kinder schauten ehrfürchtig zu mir hinauf, und ich dachte daran, wie mein Vater uns immer vom Krieg erzählt hat, und keiner wollte es hören, den ganzen langweiligen Sermon vom Russlandfeldzug. Ich meine, Stalingrad gegen den Eisplaneten Hoth, was soll man da sagen? Da hatte ich schlicht die besseren Karten.

Und plötzlich soll das alles nichts mehr zählen. Eben noch der Weise aus den alten Zeiten, jetzt nur noch der sabbernde Tattergreis mit seinem langweiligen Yedi-Geschwafel. Und wer hat Schuld? Ausgerechnet Pokémons, dieser neumodische Quatsch aus Fernost! Ich beobachte das schon seit geraumer Zeit mit wachsender Verbitterung. Die Japanisierung des Abendlandes schreitet unaufhaltsam voran, und niemand kämpft mehr für unsere traditionellen deutschen Werte! Überall haben die wie Shitake-Pilze aus dem Boden sprießenden Sushi-Buden unsere guten, alten McDonalds ersetzt, statt Stones oder Nirwana hören die Kids nur noch Gangnam Style, statt Micky-Maus- wollen sie Manga-Hefte. Seit Jahren wird sogar versucht, die Berliner Busfahrer und U-Bahn-Ansager zu nachgerade japanischer Höflichkeit zu erziehen – aber daran werden sie sich die Zähne ausbeißen! Die BVG ist unser uneinnehmbares Bollwerk gegen den östlichen Kulturimperialismus.

Egal. Jetzt also Pokémons. Zähneknirschend erlaube

ich den Kindern, sich die App herunterzuladen. Sie sind sehr aufgeregt, als sie das Programm starten und feststellen, dass sich so ein Viech offenbar sogar in unserer Wohnung versteckt hält. Sie schauen auf das Display des Smartphones, und siehe da: »Papa, auf deinem Schreibtisch!« Und ich ertappe mich dabei, wie ich idiotischerweise tatsächlich den Blick über den Schreibtisch wandern lasse. Aber da sieht es nur aus wie immer. Bergeweise Papier, ungeöffnete Briefumschläge, drei alte Kaffeetassen, ein verkrümeltes Brotbrettchen. »Hammer, ein Rattfratz!«, rufen die Kinder, während sie die Handykamera auf den Papierstapel unter dem Brotbrettchen richten und hektisch auf dem Display herumzuwienern beginnen. »Oh nein, er will sich unter dem Müllberg verstecken!« »Müllberg? Also hört mal, das sind meine Arbeitsunterlagen und wichtige ...« »Juchu, wir haben ihn!« Stolz halten sie mir das Gerät vor die Nase, auf dem ein merkwürdiges Tier zu sehen ist, das entfernt an eine Ratte erinnert. »Die hat 20 Pokepunkte! Die ist superstark!« Na toll. Mein eigenes Handy hält meinen Schreibtisch für einen geeigneten Lebensraum für superstarke Ratten. Vielleicht habe ich die Gefahr, die von diesen Geräten ausgeht, doch unterschätzt. Wahrscheinlich hätte ich dem Ding niemals den Zugriff auf meine persönlichen Daten erlauben dürfen. Jetzt hat es die Konsequenzen aus diesen intimen Kenntnissen gezogen. Und mir eine Ratte auf den Schreibtisch gesetzt. Na warte, denke ich, bei nächster Gelegenheit formatiere ich dir die Festplatte, dass es sich gewaschen hat. Wenn ich bloß wüsste, wie so was geht. Aber nachzugoogeln trau ich mich nicht, sonst kriegt das Gerät was davon mit. Als ich neulich auf meinem PC einen Flug gebucht habe, stand der plötzlich unaufgefordert und ohne mein Zutun in meinem Handy-Kalender. Mit genauen Zeiten. Drei

Stunden vor Abflug hat das Handy mir eine Erinnerung geschickt, dass ich angesichts der Verkehrslage jetzt gefälligst mal losfahren sollte. Das Teil ist inzwischen schlimmer als meine Mutter früher! Seither bin ich sehr misstrauisch geworden. Im »Tatort« neulich hat ein Computerprogramm sogar jemanden ermordet, weil der es löschen wollte.

Um weitere Anzüglichkeiten meines Handys über meine Lebensführung zu vermeiden, schicke ich die Kinder nach draußen. Ein verblüffender Effekt: Sie jubeln und spurten los. Normalerweise kriegt man sie nur unter Androhung von Bildschirmverboten dazu, murrend überhaupt mal für eine halbe Stunde vor die Tür zu gehen, und nun brechen sie begeistert auf und kommen erst zurück, als der Aku alle ist. Ergebnis des ersten Beutezugs einmal um unseren Block: fünf Rattfratze, drei Taubsis – eine offenbar in Fukushima herangewachsene Taubenmutante – sowie ein Sleima, ein besonders übellaunig dreinschauendes, dickliches, schmieriges, sinnlos vor sich hin ramenterndes Wesen. Ich bin beeindruckt. Immerhin scheinen die Japaner das Wesen des Weddings erstaunlich gut erfasst zu haben.

Das Wochenende bei Oma und Opa in Bayern hat sich bezüglich Pokémons als Flop erwiesen: Nur Raupys gab es dort draußen auf dem Land. Raupys sind besonders schmächtige, raupenähnliche Murkel, die eher mitleiderregend aussehen. Mit denen war das ganze Dorf der Großeltern übersät. Sonst nichts. Nicht ein einziger Rattfratz. Tja, das Landleben. Die Waffe der Raupys heißt dementsprechend auch ganz passend: Verzweifler. Wirklich! Die Kinder sind aber schon verzweifelt und wollen sofort zurück nach Berlin. »Hier ist ja überhaupt nichts los!«, klagen sie. Na ja, denke ich, hat sich im Vergleich zu früher vielleicht ja doch gar nicht so viel geändert.

Am Nachmittag haben die Kinder sich mit Freunden verabredet. Ahmed, Emre und Leo kommen vorbei. Das ist gut, dann habe ich endlich mal Ruhe, weil sie garantiert wieder Wii spielen wollen. Aber schon nach ein paar Minuten stehen sie in Jacken und Stiefeln vor meinem Schreibtisch und fordern wütend: »Los, geh spazieren mit uns!« Das fühlt sich einfach nicht richtig an. Und dann sagen sie, ich traue meinen Ohren kaum: »Wir wollen acht Kilometer laufen!« »Ihr wollt was?«, frage ich fassungslos, »wisst ihr, wie weit das ist?« Auf dem Elternabend neulich hatte die Lehrerin erklärt, dass es bei der Klassenfahrt eine Fünf-Kilometer-Wanderung geben soll, und dann hat sie uns einen Zettel unterschreiben lassen, auf dem wir die elterliche Zustimmung für diesen Extremsportversuch geben mussten. Mit der Unterschrift haben wir uns zudem verpflichtet, vorher mit den Kindern für die Wanderung zu trainieren, damit die das auch wirklich durchhalten. Als ich das zu Hause erzählt habe, hat Teppo sofort erklärt, auf keinen Fall mitfahren zu wollen auf diese doofe Fahrt. Und nun will er freiwillig doppelt so weit laufen? »Das ist zu weit«, versuche ich, ihren Enthusiasmus ein wenig der Realität anzupassen. Teppo fängt an zu weinen: »Aber dann schlüpft mein Ei doch nicht!« »Dein Ei?« »Mein Pokémon-Ei. Das schlüpft, wenn man acht Kilometer gelaufen ist, dann kriegt man einen Super-Extra-Pokémon!« Ich glaube, ich habe die Japaner doch ziemlich unterschätzt.

Man muss allerdings ein bisschen aufpassen, wenn man mit den Kindern zur Pokémon-Jagd draußen ist, weil sie nur noch auf ihre Bildschirme gucken. Auf denen ist zwar die Umwelt auch zu sehen, zumindest wenn sie in der Nähe eines Pokémons sind, aber eben doch nur durch das etwas eingeschränkte Blickfeld der Handykamera. Ich halte mich immer etwas im Hintergrund, weil mir das

Ganze elendig peinlich ist. Ich habe nichts damit zu tun. Auf keinen Fall.

»Da, da ist eins, übelst krass!«, ruft Ahmed, »das muss ein Traumato sein.« »Ja, ein Traumato, mega!«, bestätigt Kiran, »der hat Psychoschock!« Sie halten ihre Kamera direkt auf eine Parkbank gerichtet. Dummerweise sitzt da jemand drauf. »Ey, verpisst euch mal, ihr Kröten!«, ruft er empört, als die Kinder vor seinen Augen versuchen, virtuelle Bälle auf ihn zu schießen. Sie erschrecken. Offensichtlich haben sie den unfreundlichen Fleischklops vom Plötzeneck für ein Traumato gehalten. Der ist aber gar kein Pokémon, der ist echt. Psychoschock kann er trotzdem. Die Kinder rennen schreiend davon.

Zwischendurch versuche ich, die überraschende Gelegenheit eines ausgedehnten Spaziergangs zu nutzen, um den Kindern ein wenig Geschichte näherzubringen. Das Mahnmal für die Opfer des Aufstands vom 17. Juni ist dafür eigentlich gut geeignet, aber blöderweise sitzt offenbar ein Lapras direkt davor. Die Kinder stürzen begeistert mit vorgehaltenen Handys auf den Gedenkstein, eine ältere Dame am Rollator guckt ganz empört. »Entschuldigen Sie bitte«, rufe ich ihr zu, »die Kinder spielen dieses neue Handyspiel, und offenbar sitzt da gerade ein ganz besonderes Pokémon.« »Unsinn!«, keift die Alte mir zu, »da sitzt doch nur ein Lapras. Da hinten, am Grab von Johnny Liesegang, da habe ich vorhin ein Aquana gesehen, da müssen Ihre Bengel mal gucken!« Jetzt erst bemerke ich das Handy, das im Gitterkörbchen ihres Rollators liegt und das inzwischen vertraute Stadtplanbild zeigt. Ich fühle mich allmählich so abgehängt und von gestern wie ein AfD-Wähler.

Am Plötzensee finden wir dann tatsächlich Wasserbewohner, denn, wie Emre etwas großspurig erklärt, schließlich sei hier das »Wasser-Biom«. Mir gefällt die

Urzeitschnecke Amonitas mit ihrer »Antik-Kraft« besonders gut, weniger gut gefällt mir etwas später, dass die Kinder direkt auf eine Gruppe herumlungernder Teenager mit Pubertätshintergrund zusteuern, die betont gelangweilt gucken, aber eine ungute Körperhaltung einnehmen, als die Kleinen ihnen näher kommen. Oh je, da muss ich mich doch glatt ein bisschen sputen, um im Fall der Fälle eingreifen zu können. Wie befürchtet pöbeln die Testosteronopfer die Jungs direkt an. Sie werden doch nicht ... – kleinen Kindern die Smartphones wegnehmen? An die Option hatte ich bisher noch gar nicht gedacht. Da höre ich schon ein scharfes: »Ey, gib her!« Verdammt. Sie sind zu fünft, fünf etwa fünfzehnjährige Kotzbrocken mit albernen Rapper-Mützen, absurd großen Hosen und ansehnlichen Altmetallhalden vor der Brust. Einer trägt sogar Sonnenbrille. Sie sehen irgendwie selbst ein bisschen aus wie Pokémons, Gangstazzo, Waffe: Posen und Anyoutuben. Und ich dagegen ganz allein mit fünf Sieben- bis Zehnjährigen. Als ich außer Atem dazu komme, haben sie Kirans Handy schon in der Hand. »Ey«, sagte der Wortführer der Mützen, »übelst krass. Das ist ja ein Blitza auf 20. Nur noch 5 Evoli-Bonbons, dann kannst du's zum Flamara machen!« Kiran lächelt glücklich. Dann tauschen sie ein paar Sleimas gegen ein Aquana, das die Jungs übrig haben. Sie empfehlen uns noch, zur Arena am Tretbootverleih zu gehen, da wären vorhin nur extrem schwache Pokémons drin gewesen, die könnten wir locker besetzen. Sie geben den Kleinen cool die Fünf, die Jungs platzen fast vor Stolz.

Acht Kilometer sind es am Ende zwar nicht geworden, aber die Kinder sind zufrieden und glücklich, als wir schließlich wieder zu Hause ankommen. Das Ei muss dann eben bis morgen warten. Da wollen sie nämlich gleich wieder einen Spaziergang machen. »Aber nicht mit mir«, schimpfe ich, »sucht einen anderen, der sich da draußen zum Deppen macht!«

Nachdem wir die Kinder abends zu Bett gebracht haben, ziehe ich mich noch mal an. »Nanu, willst du noch mal raus?«, fragt meine Frau erstaunt. »Ach, nur mal kurz um den Block, die Füße vertreten«, antworte ich. Und so ist es ja auch. Die Pubertierer hatten vorhin nämlich von einem Nebulak erzählt, der angeblich nur nachts hier herumflattert. Na, da wollen wir doch mal sehen, ob ich den nicht erwische. Ein bisschen seltsam komme ich mir ja schon vor, wie ich so durch die Straßen ziehe und betont unauffällig immer mal wieder aufs Handy gucke. Am Schillerpark begegnet mir Markus, der Künstler, der bei uns im Vierten wohnt. »Heiko, hey, was für eine Überraschung!«, ruft er überschwänglich und klopft mir auf die Schulter. Er denkt wohl, ich hätte zuvor das fahle Leuchten seines Handy-Displays nicht bemerkt.

Medienpädagogik

Früher war ja sowieso alles viel besser. Zumindest für mit Medienerziehung immer irgendwie latent überforderte Eltern. Als ich Kind war, gab es exakt drei Fernsehprogramme, und das war's. Darin gab es, wenn man Glück hatte, dann und wann mal eine interessante Kindersendung, ansonsten blieb einem gar nichts anderes übrig, als nach draußen zum Spielen zu gehen und da all die tollen Sachen zu machen, die heute streng verboten sind: Eidechsen fangen, Molche keschern, Kaulquappen aufziehen, so was halt.

Heute ringen wir mit unseren eigenen Kindern darum, welches der ca. 33 Programme sie nun sehen dürfen und vor allem: wie lange – von der Wii-Spielkonsole, dem Computer, dem Smartphone und den unzähligen Youtube-Channeln, auf denen sie anderen Leuten dabei zugucken, wie die Computer spielen, ganz zu schweigen.

Diese »LetsPlay«-Videos sind nämlich der große Hit bei den Kindern. Und die treiben selbst hartgesottene Kulturoptimisten wie mich, die moderne Medien eigentlich ganz OK finden, in den Wahnsinn. Computerspiele zu spielen, das kann ich sehr gut nachvollziehen. Aber anderen Leuten auf dem Handydisplay dabei zuzugucken, wie sie Computer spielen, das macht mich dann doch etwas ratlos. Erst wollte ich erzieherisch eingreifen und den Unfug einfach verbieten, aber der argumentativen Waffe meiner Söhne hatte ich wenig entgegenzusetzen: »Wo ist denn das Problem? Andere gehen ins Fußballstadion und gucken da Leuten zu, die auch nur was spielen!« Ich bin kurz verwirrt. »Ja, aber das ist doch Sport. Da geht es schließlich um Bewegung, das ist gesund!« »Aber die Zuschauer bewegen sich doch nicht. Die trinken nur Bier, das ist nicht gesund!« Fast hätte ich so was gesagt, wie: dass das ja immerhin auch spannend sei, so ein Fußball-spiel – aber wenn man ehrlich ist: Was zum Teufel sollte spannender daran sein, anderen Leuten dabei zuzugu-cken, wie sie Leibesübungen auf einem kurzgeschorenen Rasen betreiben, wenn die Alternative lautet, anderen da-bei zuzuschauen, wie sie geheimnisvolle Ruinen nach epischen Monstern durchstreifen, um dann mit ihnen zu kämpfen. Ich kapituliere also.

Wie sich die Zeiten wandeln: Früher haben die Eltern immer versucht, die Kinder vom Fernseher wegzulocken, damit sie mal was anderes machen, als dauernd in die Glotze zu gucken. Heute versuchen wir, die Kinder zum Fernseher zu locken, damit sie mal was anderes machen, als dauernd Youtube-Channels zu gucken. Im Fernsehen gibt es immerhin schöne Informationssendungen für Kin-der, da lernen sie was und sehen pädagogisch Wertvolles.

Deshalb sitze ich ganz zufrieden mit meinen beiden Söhnen zum Abendbrot auf der Couch und schaue im Kinderkanal eine Info-Sendung für Kinder, und gleich, so wird uns angekündigt, werden wir etwas über gesunde Ernährung lernen. Das ist gut, denke ich. Die Kinder hatten nämlich schon wieder gemäkelt, weil es nur Voll-kornbrot gibt, da kann es nicht schaden, wenn sie im Fernsehen mal was dazu hören.

Ein angeblicher Star-Koch wird ins Studio gebeten, der sehr jung, dynamisch und beängstigend sympathisch rü-berkommt und den Kindern im jovialsten Plauderton erklärt, dass Fleisch total ungesund ist und schlecht für die Welt und das Klima und sowieso voll gemein für die Tiere. Milch, Butter und Käse seien genauso schlimm, das wüssten viele ja gar nicht. Den Kindern fallen vor Schreck fast Leberwurststulle und Kakaobecher aus der Hand. Aber jetzt kommt ja er, der Star-Koch, und zeigt uns, wie man richtig lecker vegan kocht. Vegan! In einer Kindersendung! Ich bin kurz fassungslos. Dabei habe ich gar nichts gegen Veganer. Soll doch jeder essen, was er will. Und zweifellos ist jeder Veganer angesichts der globalen Gesamtsituation derzeit ein Gewinn für die Menschheit und den ganzen Planeten. Aber: dass diese Form der Ernährung bei Kindern mindestens problematisch ist, dass könnte man doch selbst bei wohlwollender Betrachtung zugestehen. Und dass es vielleicht etwas übergriffig ist, solche Extrem-Anschauungen in Familien hineinzutragen, in denen die Eltern ihren Kindern immerhin zu sicher rund 99 % auch gerne mal ein Würstchen vorsetzen, könnte man eigentlich auch berücksichtigen.

Und da haben wir schon den Fleischsalat: Meine Kinder drehen sich um zu mir und schauen mich zornig an: »Ihr quält die Tiere! Und macht das Klima kaputt!« Upps, hier ist jetzt diplomatisches Feingefühl vonnöten, das merke ich sofort. Souverän pariere ich die Vorwürfe also mit dem alles schlagenden Top-Argument und sage energisch: »Quatsch!« Die Kinder starren mich weiter feindselig an. Ich fürchte, ich habe sie noch nicht restlos überzeugt. Der Vegankoch im Fernsehen schlägt derweil Erbsen zu Brei, aus denen er gleich etwas besonders Leckeres kochen wird. Da erkenne ich meine Chance. »Na gut, dann machen wir morgen eben auch was mit Erbsen.« Die Empörung der Kinder weicht Irritation. Sicherlich, die Welt und die süßen Tiere wollen sie schon retten. Aber deswegen gleich Erbsen essen? An dem Vorhaben, sie dazu zu bewegen, bin ich bisher komplett gescheitert, wenn der Koch-Kaspar das hinkriegt, hat er meinen Segen dafür. »Gibt's denn nichts anderes Veganes?«, fragen die Kinder. »Doch, doch«, sage ich wahrheitsgemäß, »Spinat zum Beispiel!« Sie wirken allmählich ernsthaft beunruhigt. »Rosenkohl!«, mache ich unbarmherzig weiter. Die Kinder würgen ein bisschen. »Brokkoli auch, Spargel, Oliven und Tomaten, nicht zu vergessen.« Dann hole ich zum finalen Schlag aus: »Außerdem dürft ihr dann natürlich keinen Kakao und kein Nutella mehr. Alles mit Milch. Kein bisschen vegan!« Kurz blitzt Entsetzen auf in ihren Gesichtern, dann greifen sie wieder beherzt nach ihren Leberwurstbroten. Thema erledigt. Na also!

Eine Woche später. Derselbe Kinderkanal, diesmal aber geht es um Haustiere. Das freut die Kinder, denn davon leben bei uns schließlich eine ganze Menge. Neben dem hauseigenen Schwung Echsen, Kröten und Fauchschaben, den ich pflege, haben die Kinder sogar zwei eigene Kornnattern und eine Wasserschildkröte.

Der Filmbeitrag beginnt mit Ausführungen über Hund, Katze, Maus, und ich denke schon, och, wie langweilig, da kommt zu meiner Überraschung dann doch noch eine Schlange ins Bild gekrochen. Na, geht doch. »Aber auch ganz andere Tiere werden manchmal zu Hause gehalten«, erläutert die Kommentatorin ganz richtig. Die Kinder setzen sich freudig erregt aufrecht in den Sessel: »Guck mal Papa, jetzt kommen Graui und Orangi!« (so heißen ihre beiden Nattern nämlich aufgrund ihrer Färbung). Die Sprecherin flötet: »Leider sind Schlangen als Haustiere völlig ungeeignet.« Die Kinder sehen mich verwirrt an. Ich sehe den Fernseher verwirrt an. Die Kommentatorin spricht verwirrt weiter: »Schlangen und Echsen sind spannende Tiere, aber sie fühlen sich in der Gefangenschaft einfach nicht wohl.« »Graui und Orangi fühlen sich nicht wohl?« Die Kinder sind alarmiert. Die Sprecherin erläutert: »Denn sie sind Wildtiere, und die gehören nun einmal in die freie Natur, nicht in ein Terrarium.« Wir schauen uns alle drei ratlos an. »Müssen wir Graui und Orangi freilassen?«, flüstert der Größere bang. »Sollen wir sie in die Rehberge bringen? Haben sie es da gut?«, fragt der Jüngere. »Unsinn!«, sage ich bestimmt, »die können hier gar nicht im Freien leben. Und außerdem: Ihr wisst doch, dass es denen bei euch gutgeht. Ihr kennt die doch! Wirken die traurig auf euch? Sind sie krank?« »Aber was sollen wir morgen in der Schule sagen?«, fragt der Größere, »die anderen gucken die Sendung doch auch, und die wissen ja, dass wir Schlangen haben!« Ich überlege kurz. Dann fällt mir die Lösung ein: »Sagt euren Klassenkameraden einfach, dass diese Sendung von denselben Leuten ist, die letzte Woche noch wollten, dass ihr demnächst alle keine Würstchen mehr essen dürft, sondern nur noch pürierte Erbsen, Brokkoli und Spinat. Das müsste reichen.«

Die Kinder wirken noch etwas verunsichert, da kommt aber schon der nächste Beitrag in der Sendung. Nun geht es darum, dass Kinder nicht zu viel am Bildschirm sitzen und nicht so viel Computer spielen sollen, und am Handy schon mal gar nicht, weil das nämlich schlecht für sie ist. Die Kinder gucken kurz ungläubig, dann stehen sie auf, machen den Fernseher aus und sagen: »Das ist schlecht für uns.« Danach greifen sie zu den Smartphones und rufen »Pokémon Go« auf. Ich atme auf. Damit dürfte diese Sendung ihre Glaubwürdigkeit ein für alle Mal verspielt haben.

Zwei Tage später. Ich schimpfe, weil die Kinder schon wieder seit einer halben Stunde die bescheuerten Lets-

Play-Videos auf Youtube gucken. »Jetzt ist aber mal Schluss damit«, ermahne ich sie streng, »das ist nicht gut für euch, wenn ihr dauernd so viel am Bildschirm sitzt!« »Das sagen die Leute im Fernsehen auch«, triumphiert der Ältere, »die, die sagen, dass Reptilien sich im Terrarium nicht wohlfühlen.« Verdammt. Aber was soll's? Es könnte schlimmer sein. Sie könnten, beispielsweise, ins Stadion wollen, um Fußball zu sehen.

Frohes Neues

So lange im Wedding noch Silvester gefeiert wird, muss man sich wegen Gentrifizierung eigentlich doch noch keine Sorgen machen, denke ich. Da werden sie zuverlässig wieder weggesprengt, die Wohnumfeldverbesserungen.

Ich hasse diese Knallerei. Wenn man nur noch jede Deckung ausnutzend wie ein gehetztes Tier von Hauseingang zu Hauseingang über die Straße huschen kann, weil einen die Heckenschützen von den Balkonen mit Sprengstoff aller Art bewerfen, weil jedes Adoleszentengrüppchen auf dem Bürgersteig zu einem Krisenherd werden kann, wenn es einen plötzlich mit Polenböllern bewirft, und dann ist da natürlich auch noch der Tag danach, wenn man knöcheltief durch vom Nieselregen aufgequollene Pappreste, Zündschnüre und undefinierbare Matschhaufen stapft, die womöglich einmal Finger gewesen sind oder einfach nur Hundescheiße. Aber es hat eben alles auch zwei Seiten. Die Flüchtlinge, die in letzter Zeit die Sporthallen der Gegend endlich einem menschenwürdigen Verwendungszweck zugeführt haben, können sich in dieser für sie sonst vermutlich eher fremden Welt mal wieder wie zu Hause fühlen. Und: Mancher Neuzugezogene wird sich nach einem Silvestererlebnis hier überlegen, ob es das wert ist, 850 Euro kalt für eine 1,5-Zimmer-Wohnung in diesem Bürgerkriegsgebiet zu zahlen.

So sah ich dem Jahreswechsel mit gemischten Gefühlen entgegen. Ich hätte mich ja am liebsten einfach in unsere Wohnung zurückgezogen und zum Höhepunkt der Feierlichkeiten vielleicht draußen im Hof mit gehörigem Sicherheitsabstand und einem griffbereiten Eimer Wasser daneben so einen Konfetti spuckenden Tischvulkan gezündet. Aber die Kinder wollen unbedingt was erleben und mal draußen auf der Straße gucken. Meine Frau hatte sich sogar breitschlagen lassen, ein paar Raketen mit ihnen zu kaufen, und irgendeiner ihrer Klassenkameraden hat ihnen dann auch noch ein paar Böller geschenkt, die sie jetzt natürlich unbedingt ausprobieren müssen. Verdammt. Ich denke sehnsüchtig an meine Zeit in Chile zurück, wo ich zweimal Silvester gefeiert habe. Ich bin wirklich kein Freund von Verboten, aber ein Jahreswechsel in einem Land, wo das Zünden privaten Feuerwerks aller Art untersagt ist, hat schon etwas geradezu surreal Paradiesisches.

Also gehen wir zum Anstoßen nach draußen vors Haus. Auf die Seestraße. Ins Epizentrum des Wahnsinns. Warum tue ich mir das bloß immer wieder an? Auf dem Weg dahin fällt mir ein Zettel an der Tür zum Hof ins Auge: »Liebe Nachbarn! Wir machen an unserem ersten Silvester im Wedding eine Party. Wir bitten um Verständnis, falls es heute Nacht eventuell etwas lauter werden sollte.« Eventuell etwas lauter? Zu Silvester im Wedding? Große Güte, was sind denn das für weltfremde Spinner, denke ich. Da wird wohl gleich morgen die Suchmaschine auf Immobilienscout24 nach Wohnungen in Prenzlauer Berg heiß laufen.

Unser Freund und Nachbar Robert Rescue, der sich zum Anstoßen zu uns gesellt, besteht darauf, den Telefonkasten vor unserem Haus zu bewachen. Er ist immer noch traumatisiert davon, dass Silvester vor drei Jahren ein Wahnsinniger ein großes Loch in die graue Kiste hineingesprengt hatte, durch die der Neujahrsregen ungehindert auf all die Schaltrelais fallen konnte und uns tagelang von Telefon und Internet trennte. »So etwas darf sich niemals wieder wiederholen, Werning«, grummelt er mit wild entschlossener Stimme, greift sich sein Weinglas und zieht voller Todesverachtung nach draußen in den Krieg.

Vor dem Haus stehen erwartungsgemäß dicht gedrängt zahllose Menschen. Immerhin haben die Christen aus dem Christencafé im Vorderhaus dieses Jahr aufgegeben. Wahrscheinlich haben sie eingesehen, dass Gebete um Frieden in diesem Kriegsgebiet vollkommen zwecklos sind. Sie haben ihr Café deshalb verriegelt und verrammelt und lassen uns hier mit den Horden aus der Hölle allein. Nervös sichere ich die Lage in alle Richtungen, um zu verhindern, dass die Kinder von einem Böller getroffen werden könnten. Es kracht und blitzt zwar schon wie erwartet an allen Ecken und Enden, obwohl noch gar nicht Mitternacht ist. Aber irgendwie war das sonst doch immer apokalyptischer, denke ich leicht verwundert. Trotzdem fällt mir durch das allgegenwärtige Geknatter erst mit einiger Verzögerung auf, dass die Menschen vor unserer Haustür gar nicht die erwarteten Grüppchen südländischen Aussehens sind und mir statt der üblichen Mischung aus Kanaksprech, Originaltürkisch und Arabisch tatsächlich Englisch und Spanisch ans Ohr dringt. Das müssen die Zuzügler mit ihrer Party sein. Es könnte eventuell etwas lauter werden – na, ihr werdet ja gleich schon sehen.

Denn jetzt schlägt es zwölf. Vielleicht habe ich die jungen anglohispanischen Leute doch unterschätzt, denn plötzlich holen sie haufenweise Papppackungen und Tüten unter ihren Mänteln und aus ihren Rucksäcken hervor. Eindeutig Feuerwerk. Offenbar sind sie wild entschlossen, sich im Wedding zu integrieren. Ich flüchte zu Robert an den Telefonkasten. Freund Frank Sorge, der drei Häuser weiter wohnt, kommt hinzu. Gemeinsam werden wir ihn verteidigen, unseren Kasten, wir sind zu allem entschlossen. Feuerzeuge flammen bei den jungen Leuten auf, wir bauen uns drohend auf, damit sie ja nicht auf die Idee kommen, Knaller in unsere Richtung und damit auf unsere Internetzentrale zu werfen – da zischen in ihren Händen plötzlich Wunderkerzen auf, eine nach der anderen. Glücklich strahlend schwenken die Twentysomethings sie hin und her, umarmen sich und beginnen, eine gälische Weise zu singen. Robert, Frank und ich schauen uns verwundert an. Was ist denn hier los? Dann stellen zwei Jungmänner einige Pappschachteln auf den Boden und halten ihre Feuerzeuge daran. Jetzt aber!, denke ich und halte mir schon mal die Ohren zu. Die Zündschnur zündet, es zischt, dann macht es leise plopp. Konfetti flattert zart in die Luft. Ein Tischfeuerwerk! Ach wie schön! »Langweilig!«, quengeln meine Söhne. Sie verlangen von ihrer Mutter die Raketen. Leider haben sie vergessen, Flaschen mitzubringen, die sie als Startrampen nutzen könnten.

»Hey, you can have some of our bottles«, ruft einer der Partygäste ihnen zu und bietet ein paar Flaschen an. Die Kinder stellen sie begeistert auf und stecken ihre Raketen rein. Und ich glaube, meinen Augen nicht zu trauen: Was sind denn das für Flaschen? »BioZisch Rhabarber«, »Biozisch Himbeer-Cassis«, und ein ganz verwegen aussehender Undercut-Bengel hat sogar eine, Achtung!, Club-Mate-Flasche dabei. Die feiern Silvester im Wedding, entschuldigen sich, falls es eventuell etwas lauter werden sollte, zünden Tischfeuerzeuge und trinken Bio-Zisch Rhabarber! Mir kommt der Verdacht, dass die

Christen dieses Jahr nur deswegen nicht gekommen sind, weil es hier einfach nichts mehr für sie zu tun gibt. So weit ist es also schon gekommen: Sie haben Jesus weggentrifiziert.

Da kommt endlich ein ordentlicher Migrationshintergründler des Wegs. Fast will ich ihn fragen, wo er so lange gesteckt hat und wo die anderen alle geblieben sind, da fängt er schon an, uns wild zu beschimpfen. Ich bin gerührt. Ich verstehe nicht, was er sagt, er ist sehr betrunken. Aber es klingt angemessen aggressiv. Robert rückt wieder näher an den Telefonkasten. Der Mann taucht in die Gruppe der Wunderkerzenhalter ein und schreit sie wahllos an, dann zieht er einen Flachmann aus seiner Manteltasche und nimmt einen tiefen Schluck. Schließlich zieht er laut schimpfend und zeternd weiter. Erst bin ich fast erleichtert, dass es so Leute hier noch gibt, dann aber kommt mir ein böser Verdacht: Ist der am Ende vom Milieuschutz? Ist es das, was sie mit den dafür bereitgestellten Geldern machen? Die jungen Leute vor unserem Haus atmen jedenfalls spürbar auf, als der Aggressor wieder weg ist. Dann holen sie neue Wunderkerzen hervor und zünden sie an. Es könnte eventuell etwas lauter werden, pah!

Plötzlich erklingt ein ohrenbetäubender Knall, gleich danach noch einer. Die Gemäuer der Häuser wackeln, die Scheiben zittern. Was um Gottes Willen ist denn da explodiert? Die jungen Leute ziehen sich panisch in den Hauseingang zurück. Das war zu viel für sie. Triumphierend schaue ich ihnen hinterher. Es könnte eben eventuell etwas lauter werden. Dann sehe ich mich nach den Kindern um. Hoffentlich ist ihnen nichts passiert. Die aber kommen freudestrahlend auf mich zugelaufen. »Hey, Papa, megacool! Das waren die Böller, die Atakan uns geschenkt hat. Wir haben noch mehr davon!«

Na also. Wir können die Verteidigung des Weddings beruhigt in die Hände der nächsten Generation legen. Und dann zieht euch warm an, ihr BioZisch-Luschen! Triumphierend stoße ich mit Robert und Frank an. Sorgsam achte ich dabei darauf, meine Bierflasche so zu halten, dass niemand das Etikett erkennt und sieht, dass es alkoholfrei ist. Nur für den Fall, dass der Mann vom Milieuschutz noch mal vorbeikommt.

Dank

Gentrifiziert der Wedding jetzt? Oder wird er doch eher zum Ghetto? Oder tut sich im Grunde gar nichts? Wir werden sehen und die Dinge weiter beobachten.

Ich danke allen, die mir bei diesen Feldforschungen zur Seite stehen. Zuerst natürlich meinen Freunden von den Brauseboys, die seit nunmehr 14 Jahren jeden Donnerstag mit mir auf der Bühne stehen, um ihre brandneuen Eindrücke über den Wedding und die Welt vorzulesen (La Luz im Carée Seestraße, formerly known as Osramhöfe): Thilo Bock, Robert Rescue, Frank Sorge und Volker Surmann. Und natürlich an Guido, Nuno, Kerstin, Heiko und die anderen vom La Luz, die uns jede Woche warmherzig empfangen. Ein besonderer Dank geht auch an die Ex-Boys Hinark Husen, den wir an den ersten Arbeitsmarkt verloren haben, Nils Heinrich, den wir an Lichterfelde verloren haben, und Paul Bokowski, den wir an den Ruhm verloren haben, und die uns doch alle drei bis heute die Treue halten. Von Paul stammt übrigens auch der Titel dieses Buches – ein Extradank dafür.

Ebenfalls danke ich der Reformbühne Heim & Welt, die mich dazu bringt, einmal wöchentlich den Wedding zu verlassen. Jeden Sonntag treffen wir uns in der Jägerklause im Berliner Friedrichshain, um »am besten was Neues« vorzulesen. Mit dabei: Ahne, Jakob Hein, Falko Hennig und Jürgen Witte.

Dank natürlich auch an die vielen anderen Freunde und Kollegen aus dem Lesebühnenumfeld, von *Taz*, *Titanic* und *Jungle World*, ganz besonders an Manfred Maurenbrecher und Danny Dziuk sowie außerdem an Andreas Albrecht, Verleger Klaus Bittermann, Bov Bjerg, Daniela Böhle, Doc Schoko, Horst Evers, Stefan Gärtner, Bernd Gieseking, Uli Hannemann, Jess Jochimsen, Sebastian Krämer, Sanjay und Svenja Shihora vom Kookaburra, Mark-Stefan Tietze, Axel Völcker, das L'Escargot, die Nussbreite, das Mastul, die Flop-Bar und das Zebrano-Theater.

Schließlich danke ich den Mitbewohnern in der Seestraße 606 und Umgebung für – direkte oder indirekte – Anregungen zu zahlreichen Geschichten. Und natürlich meiner Familie für alles andere noch dazu.

Aus der Reihe Critica Diabolis

http://www.edition-tiamat.de